© 2024 ELLIS POTTER

Das Werk, einschließlich seiner Teile, ist urheberrechtlich geschützt. Jede Verwertung außerhalb der Grenzen des Urheberrechts ist ohne Zustimmung des Verlages unzulässig. Das gilt insbesondere für die elektronische oder sonstige Vervielfältigung, Übersetzung, Verbreitung und öffentliche Zugänglichmachung. Ausgenommen sind kurze Zitate innerhalb von kritischen Artikeln und Buchrezensionen. Weitere Informationen: info@destineemedia.com

Es wurde angemessene Sorgfalt aufgewendet, um Originalquellen und Copyright-Inhaber aufzuzeigen. Sollte eine Zuordnung falsch oder unvollständig sein, bittet der Verlag um schriftliche Mitteilung, um zukünftige Auflagen korrigieren zu können.

Verlag: Destinée Media
www.destineemedia.com

Chefredakteur Peco Gaskovski
Umschlagsentwurf Ben Stone
Umschlag und Innenteil Ben Stone
Formatierung Ben Stone
Aus dem Amerikanischen von Markus Thiel

Alle Rechte liegen beim Autor.
ISBN 978-1-938367-77-9

Inhaltsverzeichnis

Einführung	05
Kreativität	13
Rationalität	21
Moral	27
Emotionen	37
Sprache	45
Gesellschaft	51
Der Körper	59
Das Übernatürliche	67
Eine umfassende Geistlichkeit	72
32 Fragen	73

Umfassende Geistlichkeit

von Ellis Potter

Was ist geistlich?

Auf einer evangelikalen Leiterschaftskonferenz in Polen fragte ich einmal die Teilnehmer, was sie unter dem Begriff „geistlich" verstehen. Sofort gab es mehrere Antworten:

„übernatürlich"

„unsichtbar"

„etwas in meinem Inneren"

„nicht physisch"

„transzendent"

Ich sagte den Menschen, dass ihre Antworten sehr interessant wären, da sie damit die Inkarnation und Wiederauferstehung Christi als etwas Ungeistliches ablehnen würden. Die Bibel betont sehr nachdrücklich, dass diese Ereignisse physisch waren. Ohne Weihnachten und Ostern wäre das Christentum nicht das, was es laut Bibel ist.

Das Ziel dieses Buches ist zu untersuchen und zu klären, was „geistlich" bedeutet, denn darüber herrscht viel Unklarheit. Häufig wird geistlich mit übernatürlich gleichgesetzt, und zwar sowohl in religiösen als auch in nichtreligiösen Kreisen.

Dieses Verständnis kann mit folgender Gleichung dargestellt werden:

geistlich = übernatürlich

Ich stimme dieser Gleichung nicht zu und würde dem Gleichheitszeichen einen Strich hinzufügen, und zwar so:

geistlich ≠ übernatürlich

Wie bereits erwähnt, sind die Inkarnation und die Wiederauferstehung Christi zwei ganz zentrale Ereignisse des Christentums. Wenn die Bibel über diese Ereignisse berichtet, dann wird dabei betont, dass sie physisch, sichtbar, anfassbar und historisch sind.

Vermutlich ist die folgende Gleichung besser geeignet, um Geistlichkeit zu verstehen, und darum soll es auch in diesem Buch gehen:

geistlich = vollständig wirklich

Wenn geistlich so viel wie vollständig wirklich bedeutet, dann ist es wichtig zu verstehen, was Wirklichkeit ist. Oft fragen Studenten das als Erstes, wenn sie intelligent und aufmerksam sind. Wirklichkeit ist, wer Gott ist, was Er tut und was Er will. Das beinhaltet natürlich dich, denn Gott will, dass es dich gibt, und Er hat dich geschaffen. Das beinhaltet auch die gesamte natürliche Schöpfung, so wie Gott sie geschaffen hat. Und es beinhaltet auch die übernatürlichen Dimensionen, Kräfte und Kreaturen.

Verzerrungen davon, wer Gott ist, was Er tut und was Er will, sind nicht real, nicht wirklich. Sie sind nicht dauerhaft, sondern nur temporär. Die Ewigkeit ist dauerhaft, die Zeit ist temporär. Die Zeit ist nicht böse, aber sie wird enden. Krankheit, Leid und Tod, ebenso wie Stolz, Neid und Hass sind nicht in Ewigkeit real, auch sie werden enden. Eine Ausnahme ist das Leiden Christi, welches sowohl in der Ewigkeit als auch in der Zeit stattgefunden hat, und somit real ist.

Innerhalb der Zeit leiden wir durch Krankheit, Tod und andere Dinge, aber diese sind nicht Teil dessen, wer Gott ist, was Er tut und was Er will. Das, was nicht real ist, verursacht dieses Leid. Jemand der paranoid ist, leidet furchtbar unter Sinnestäuschungen, die nicht real sind. Durch das Leid werden diese Sinnestäuschungen nicht real. Diese nicht wirklichen Sinnestäuschungen, die wir erfahren, sind etwas, von dem uns Gott erretten und was Er auslöschen möchte.

Nicht-Wirklichkeiten zu erfinden und zu versuchen in ihnen zu leben, ist Sünde. Die Wirklichkeit Gottes beinhaltet als eine wesentliche Zutat die Demut. Wenn ich nun im Stolz lebe und selbstzentriert bin, dann ist das nicht-wirklich, und ich kann in dieser falschen, erfundenen Wirklichkeit nicht leben, weil es nichts gibt, was sie erhält. Ich muss in Gottes Wirklichkeit leben, darin wer Er ist, was Er tut, und was Er will. Wenn ich aus ihr heraustrete, dann sterbe ich. Das ist wie bei einem Zugvogel, der nicht fortzieht. Er wird sterben. Deshalb sagt die Bibel, der Lohn der Sünde ist der Tod.

Mit Sünde ist nicht irgendeine spezielle Handlung gemeint, auch wenn besonderen Handlungen mit Sünde zu tun haben. Sünde bedeutet grundsätzlich, die Parameter der Wirklichkeit zu verlassen und gegen die ausgesprochen reichhaltige Wirklichkeit zu rebellieren, in der wir auf unendlich kreative und schöne Art leben könnten, und statt dessen unsere eigene Wirklichkeit zu erfinden. Das ist Sünde, und es gibt sie im Großen und im Kleinen, in unseren Gedanken und unserer Sprache, und in unseren Handlungen.

Während der gesamten Menschheitsgeschichte hatte der Mensch die Neigung, seine eigenen Vorstellungen oder auch die von anderen anzubeten, und sie für wirklich zu halten, manchmal sogar für wirklicher als die Wirklichkeit selbst. Wenn wir das tun, können wir als Einzelner oder als Gemeinschaft oder Gesellschaft nicht leben, weil es keine Grundlage gibt, um diese erfundene Wirklichkeit zu unterstützen oder zu erhalten. Der Weg nach vorn liegt im Weg zurück zur Bibel, aber nicht im religiösen Sinne, in Form von Auswendiglernen und Rezitieren von vorgeschriebenen Texten, dem Abrufen erwarteter Gefühlsregungen, oder einer Interpretation durch Nabelschau, sondern indem man den Text liest und fragt: Was ist die Wirklichkeit, die in der Bibel grundlegend beschrieben wird?

Sobald wir die Parameter dieser Wirklichkeit erkennen, können wir versuchen, in dieser Wirklichkeit zu leben und andere Menschen in diese Wirklichkeit einladen. Für die Menschen, die alle Sünder sind, kann die Annahme dieser Einladung eine umfassende Transformation bewirken, denn sie beinhaltet den Übergang aus einer größtenteils falschen Wirklichkeit und Identität in eine wahre Wirklichkeit. Dieser Übergang beschreibt die Bibel als von neuem geboren zu werden. Diese Wiedergeburt bedeutet, dass man von neuem durch die Kraft des Opfers von Jesus Christus geschaffen wird und für immer in der tatsächlichen und wahren Wirklichkeit lebt.

Die Schöpfung ist real, aber die Verzerrungen der Schöpfung durch die Sünde sind nicht real. Sünde steht für jede Verzerrung, Rebellion, Abkehr oder Hinzufügung zur Wirklichkeit. Gott ist auf den anderen zentriert, und Er hat den Menschen in Seinem Ebenbild geschaffen, dass er auch auf den anderen zentriert ist. Wenn wir nun selbstzentriert und egoistisch sind, dann entspricht das nicht der Wirklichkeit, und wir haben durch diese Verzerrung furchtbar gelitten.

Geistlich zu sein bedeutet, so wirklich zu sein, wie wir sollten, gemäß Gottes Charakter und Absicht. Geistlich zu sein bedeutet, zu Gott zu gehören und in Seine Wirklichkeit zu passen. Ungeistlich zu sein bedeutet, Gottes Wirklichkeit zu verkleinern, zu vergrößern oder zu verzerren. Im 1. Korinther 13 schreibt Paulus über Liebe. Hier ist eine weitere Gleichung:

Gott ist Liebe.

Paulus lehrt uns, dass egal was wir erreichen oder erschaffen, wenn wir keine Liebe haben, werden wir wie eine klingende Schelle im Wind sein – das Geräusch zerstreut sich und ist verschwunden. Es ist unwirklich. Im Alten Testament, in den Psalmen, lesen wir, dass ein Mensch, der sein Leben auf die Nichtwirklichkeit baut, vergehen wird wie ein Traum beim Erwachen.

Betrachten wir die menschliche Geistlichkeit als eine Reihe von Dreiecken.

Das erste Dreieck:
Kreativität

Der Hintergrund für das erste Dreieck ist Gott. Wenn wir wissen wollen, was „geistlich" nach biblischem Verständnis bedeutet, müssen wir mit der Bibel beginnen. Dort heißt es: „Gott ist Geist". Diese Aussage steht neben Aussagen wie „Gott ist Liebe", „Gott ist Licht" oder „Gott ist Wahrheit". Das bedeutet, dass alles an Gott Geist ist, dass es keinen Teil in Gott gibt, der nicht Geist bzw. geistlich ist. Um also herauszufinden, was geistlich bedeutet, müssen wir in der Bibel nachsehen, wer Gott ist und wie Er ist. Dadurch können wir ein Verständnis davon erlangen, was im biblischen Sinn mit geistlich gemeint ist.

Im 1.Buch Mose [Genesis] erfahren wir über Gott als erstes, dass Er schöpferisch tätig wird und dass Er spricht. Er erschafft in ganz ursprünglichem Sinne etwas, was vorher nicht vorhanden war, wie z.B. Zeit, Raum und Materie. Gott erschuf die Bausteine bzw. Fundamente der Welt, und Er erschuf auch die einzelnen Dinge darin: das Land, das Meer, Pflanzen und Tiere, und damit auch Beziehungen, die mit jedem weitere Schöpfungstag an Komplexität zunahmen. Dann sprach Er: Lasst Uns den Menschen machen in Unserem Ebenbild. Indem Er den Mensch in Seinem Ebenbild schuf, verlieh Er ihm auch Kreativität, so wie Er kreativ ist. Hätte Er das nicht getan, wäre der Mensch nicht in Seinem Ebenbild und unvollständig.

Die Kreativität des Menschen ist nicht wie die Urkreativität Gottes, die Zeit, Raum und Materie aus dem Nichts erschafft, sondern ist eine Kreativität, die den Schöpfungsprozess Gottes weiterführt. In Genesis wird beschrieben, dass dieser Prozess darin besteht, die Wirklichkeit in Teile zu trennen und so Beziehungen und Dynamiken zu erschaffen. Die Wirklichkeit war nicht als etwas Statisches gedacht, als eine Art undifferenzierte Materie, sondern als Meer und Land, Tiere und Pflanzen, mit Kontrasten und Beziehungen und energetischen Veränderungen. Die Wirklichkeit ist also in Teile unterteilt, und zwar nicht um dadurch auszugrenzen oder Konkurrenz zu erschaffen, sondern damit sich gegenseitig ergänzende

Beziehungen entstehen. Als Gott den Menschen erschuf, erschuf Er ihn, damit der diesen Prozess auf eine Art und Weise weiterführt, wie es die restliche Schöpfung nicht vermag.

Der Mensch wurde auf die Erde gesetzt, bzw. ursprünglich in den Garten, um sich um die Komplexität der Beziehungen zu kümmern und sie zu mehren, die Gott ursprünglich geschaffen hatte. Ganz am Anfang lesen wir, dass Gott Adam auffordert, den Tieren Namen zu geben. Er unterteilt damit die Tiere in eine Taxonomie bzw. in Kategorien, um Beziehungen zwischen den Tieren herauszustellen. Die Tiere wurden zu den Namen, zu den Kennzeichen, die er ihnen gab. Sie zu benennen veränderte die Wirklichkeit. Sie zu benennen, veränderte ihre Beziehungen. Namensgebung ist eine mächtige Aufgabe. Ein hochrangiger Kunstkritiker schreib einmal, dass der Künstler spricht Es ist so, und alle anderen sagen Tatsächlich! Das habe ich vorher noch nie bemerkt.

Es ist die Aufgabe des Künstlers, den Menschen dabei zu helfen, Beziehungen zu erkennen, und ebenso war es die Aufgabe von Adam, Beziehungen in der Schöpfung wahrzunehmen, zu beschreiben und zu organisieren. Nur der Mensch bekam diese Aufgabe, nicht die anderen Tiere. Es ist für den Menschen nicht optional, dass er durch Worte, Bilder, Musik, Tanz, Kleidungsentwürfe, Architektur usw. Beziehungen aufdeckt. Ohne künstlerische Kreativität wären die Menschen nicht in Gottes Ebenbild, weil Gott kreativ ist und Beziehungen aufzeigt. Um geistlich zu sein ist es wesentlich, diese Art von Kreativität auszuüben.

Kreativität kann gefährlich sein. Sie kann für Stolz, Ego, Streit, Dominanz und Böses missbraucht werden, aber sie kann nicht einfach eliminiert werden, bloß um sicher zu gehen. Wir machen uns nicht rein und geistlich, indem wir unkreativ werden. Wir müssen akzeptieren, dass Gott uns als kreativ geschaffen hat, und wir dürfen die Kreativität nicht ablehnen.

Kreativität beschränkt sich dabei nicht auf Malerei und Musik oder andere Aktivitäten, die wir für „künstlerisch" halten. Ganz grundlegend betrachtet bedeutet Kreativität, bestehende Beziehungen zu erkennen und zu organisieren, und neue Beziehungen herzustellen. Zum Beispiel der Weizen: Natürlicherweise wächst Weizen zusammen mit anderen Pflanzen entlang von Flussläufen. Der kreative Mensch hingegen spricht: Weizen, du wirst auf diesem Feld wachsen, und zwar allein. Das ist nicht natürlich, das ist künstlich. Der Mensch ist berufen, künstlich zu sein. Denn das bedeutet Kunst im Eigentlichen. Es gibt, in anderen Worten, eine Unterscheidung zwischen Kunst und Natur. Wenn etwas natürlich ist, dann ist es etwas, was Gott tut, und es ist richtig, wahr und schön, aber es ist nicht Kunst. Kunst ist künstlich. Sie wird durch die Hand des Menschen geschaffen. Ein Weizenfeld ist nicht von Gott geschaffen, sondern durch den Menschen mit Hilfe seiner Vorstellungskraft, Forschung, Experimentieren und körperlicher Kraft. Daraus resultiert Zivilisation: Der Mensch kann sich niederlassen und muss nicht länger jagen und sammeln. Aber es ist auch eine Kunst, insofern sie Beziehungen erschafft und organisiert in dem, was Gott gemacht hat. So wie Weizenfelder ist auch das Kochen, Gastfreundschaft, Innenausstattung, Gespräche, Kindererziehung, Ausbildung, usw. kreativ, weil sie erfordern, dass Beziehungen erkannt und organisiert werden.

Die Kreativität ist eine der Eigenschaften, die den Menschen einzigartig macht. Sie ist ein Teil von Gottes perfektem Entwurf und Plan. Es wäre ungehorsam und rebellisch zu sagen: Nein, Kreativität ist zu komplex und gefährlich, und wir werden unser Leben rein machen indem wir Kreativität auslöschen. Ein Beispiel dafür wäre jemand, der ein Talent zum Schriftsteller hat, sich jedoch zurückhält weil er befürchtet, es könnte ihn stolz machen, oder es wäre zu mächtig und könnte Menschen manipulieren, ganz so, als ob er sein Leben sauber und rein halten könnte, indem er es kleiner und enger macht. Jesus hat gesagt: Ich bin gekommen, damit sie Leben haben und es im Überfluss haben. Er hat nicht gesagt Ich bin gekommen, damit sie das Leben haben und das in Reinlichkeit. Das Leben ist ein Chaos, und Jesus weiß das. Es ist im Überfluss und komplex. Wir wandeln nicht in Kontrolle und auf Sicht, sondern wir wandeln im Glauben. In Situationen, die für uns zu komplex werden, als dass wir sie verstehen oder kontrollieren können, müssen wir auf Gott vertrauen, dass er uns bewahrt. Wir haben eine natürliche Tendenz dazu, das Leben zu reduzieren und zu kontrollieren, während die geistliche Tendenz ist, Gott zu gehorchen und die Komplexität und Verantwortung der Kreativität anzunehmen.

Es gibt allerdings auch eine Gefahr aus einer anderen Richtung. Wir könnten versuchen, uns durch unsere Kreativität selbst zu Gott zu machen. Um bei dem Beispiel des Schriftstellers zu bleiben, könnte er eine fiktive Welt erschaffen, in der Lebensentwürfe, Beziehungen und Werte unterstützt werden, die Gottes Schöpfung ersetzen sollen. Das kann man auch in Filmen beobachten. Oder ein anderes Beispiel aus der Landwirtschaft, hier haben wir die Macht und den Auftrag, das Pflanzenleben künstlich zu verändern und Dinge so anzubauen, wie sie natürlicherweise nicht wachsen würden. Diese Macht kann jedoch auch dazu missbraucht werden, einen Berghang zu entwalden, oder durch Bodenerosion einen Dust Bowl zu erschaffen. Indem wir versuchen, die Natur zu kontrollieren, machen wir sie uns so auf verantwortungslose und dumme Weise zum Feind.

Die Macht zur Kreativität, die Gott uns gegeben hat, ist nicht sicher. Wir müssen vorsichtig sein, uns mit Situationen möglichst tief und weit vertraut machen, um auf eine richtige Art kreativ zu sein, in der Haltung eines Geschöpfes statt in der Haltung eines Gottes. Wir müssen auf eine kreatürliche Art und Weise funktionieren. Wir sind kreativ vor dem Angesicht Gottes, der uns ein paar grundlegende Muster vorgemacht hat, und wir sollten diese grundlegenden Muster nicht durch unseren eigenen Vorstellungen ersetzen. Wir müssen uns an diese Muster, diese Beispiele halten. Das ist allerdings sehr kompliziert. Ich denke nicht, dass man da eine klare Linie ziehen und behaupten kann, „das haben wir verstanden, jetzt wissen wir, wie das geht", denn wir wissen es nicht. Umstände ändern sich, und wir müssen wachsam bleiben. Wir müssen nachdenken und im Gespräch bleiben, und im Gebet um Weisheit bitten und darum, dass Gott uns zurückhält.

Eine Linie zu unserem Schutz ziehen zu wollen ist eine natürliche Neigung, aber das würde nicht funktionieren. Wir könnten nie die richtige Linie finden, eine exakte Grenze mit der wir sagen könnten, diese Art von Kreativität ist sicher, und jene ist es nicht, weil Gott uns nicht dazu geschaffen hat, nur durch das Gesetz und durch Tatsachen zu leben, sondern auch durch Glauben, Gnade und Beziehungen, und die sind dynamisch. Linien sind statisch, und so hat Gott uns nicht geschaffen.

Gott ist nicht statisch. Gott ist sowohl unveränderlich als auch veränderlich. Wir können die Natur Gottes nicht verstehen, weil wir Geschöpfe sind. Um Gott verstehen zu können, müssten wir hinter Ihn treten und Ihm über die Schulter sehen, um das große Ganze überblicken zu können. Aber das können wir nicht. Wir müssen im Glauben wandeln, nicht im Wissen oder Verstehen, auch wenn wir uns das Verstehen und die Kontrolle intensiv wünschen. Wir wollen das Leben oft vereinfachen, damit es leichter wird und „wir es im Griff haben". Aber die Bibel zeigt uns, dass wir es nicht im Griff haben. Wir sind dauernd auf Gott angewiesen, dass Er uns leitet, beschützt und zurückhält. Wir brauchen Gottes Bewahrung in der unmöglichen Komplexität der Kreativität.

Das zweite Dreieck:
Rationalität

Das zweite Dreieck ist die Rationalität. Rational bedeutet, dass man die Wirklichkeit in Beziehungen wahrnimmt, oder Ratios. Man nimmt also wahr, dass Teile der Wirklichkeit größer oder kleiner sind, schneller oder langsamer, heller oder dunkler, härter oder weicher. Und man sieht eine Vielzahl unterschiedlicher Qualitäten, wie z.B. Größe, Intensität, Form, Funktion usw., und man erkennt, wie diese unterschiedlichen Teile der Wirklichkeit miteinander in Beziehung stehen. Der Schöpfungsbericht in Genesis verdeutlicht spezifisch und detailliert, dass Gott rational ist. Der tägliche Ablauf besteht daraus, Beziehungen zu erschaffen und zu beobachten, und es dann für „gut" zu befinden. Die Beziehung zwischen dem Land und dem Meer – ist gut. Die Beziehungen zwischen den Pflanzen, den Tieren und den Lebewesen im Wasser – sind gut. Der kreative Prozess besteht daraus, fortwährend detailliertere Beziehungen zu erschaffen, und Rationalität bedeutet, diese Beziehungen zu erkennen und zu verstehen.

Als Gott Geschöpfe in Seinem Ebenbild schuf, waren sie rational. Nicht im Sinne von Schöpfern des Universums, sondern als einzigartige Geschöpfe, die anders waren als die restliche Schöpfung. Die Wahrnehmung der nicht-menschlichen Geschöpfe ist auf eine andere Art rational als bei den Menschen. Die Wahrnehmung der Menschen ähnelt der Wahrnehmung Gottes sehr.

Rationalität und Kreativität überlappen sich in manchen Bereichen, die Rationalität ist jedoch mehr ein Prozess des Identifizierens und mit größerer Klarheit Erkennens dessen, was bereits da ist. Kreativität hingegen ist, wenn man mit diesen Beziehungen etwas macht, vor allem wenn man neue Beziehungen schafft. Die Rationalität beobachtet Pflanzen beim Wachsen und kommt zu einem Verständnis des Wachstumsprozesses, die Kreativität jedoch verändert die Art des Pflanzenwachstums, indem z.B. einzelnen Pflanzen eigene Felder zugewiesen werden. Durch die Rationalität bekommen wir Informationen über Dinge, und das ist essentiell, und durch die Kreativität fangen wir mit diesen Informationen etwas an, und das ist genauso essentiell, weil wir mit dem, was wir lernen, auch etwas tun.

Geistlich zu sein bedeutet so zu sein, wie Gott uns geschaffen hat, und Gott ähnlich zu sein. Die Rationalität ist ein essentieller Teil der Geistlichkeit, auch wenn sie nicht ohne Probleme ist. Wir können unsere Rationalität missbrauchen. Wir können Dinge auf eine gesetzliche oder mechanische Art rationalisieren. Wir können durch bestimmte Arten des Rationalisierens ungerechtes Verhalten rechtfertigen. Wir können mittels unserer Logik auf tödliche Weise sündigen. Deshalb wollen die Menschen auf Nummer sicher gehen, und versuchen im Glauben und Handeln weniger rational zu werden. Sie versuchen allein aus Glauben zu leben, vertrauen nur ihren Impulsen und Instinkten, folgen ihrem Herzen, und vermeiden, die Dinge durchzudenken und vernünftige Entscheidungen zu treffen, weil es sich für sie reiner und einfacher anfühlt, nur im Glauben zu leben. Das Gute an diesem Gefühl wird dann als göttliches Gefühl wahrgenommen, als geistliches Gefühl, aber das ist es nicht. Es ist eher ein Gefühl wie auf einem Drogentrip. Es fühlt sich gut an, also hält man es für wahr, obwohl man andere Kriterien benötigt um zu entscheiden, ob etwas gut oder nicht gut ist.

Auf Basis meines Gefühls zu urteilen ist humanistisch. Es ist nicht christlich. Es bedeutet ich bin Gott. Meine Gefühle oder Reaktionen sagen mir, was gut und was böse ist. Ich vertraue nicht auf Gott, dass Er es mir sagt. Ich vertraue nicht auf Gottes Wort, weil das kompliziert ist. Ich vertraue meinen einfachen Gefühlen und meinem Bauchgefühl, wenn es um die Welt um mich herum geht. Und um das zu schützen, halte ich es einfach und weigere mich, die Komplexität des rational seins ab. Manchmal sagen die Menschen: Ich habe meine Meinung, verwirre mich nicht mit den Fakten. Ich bin ein einfacher

Mensch des Glaubens. Ich vertraue einfach und gehorche. Wobei sie weder vertrauen noch gehorchen, denn sie eliminieren die Rationalität, die Gott als einen Teil ihrer Geistlichkeit geschaffen hat.

Natürlich ist unsere Rationalität begrenzt, und zwar aus verschiedenen Gründen. Zum einen sind wir Geschöpfe und nicht der Schöpfer, somit werden wir niemals alles erkennen und verstehen, bei weitem nicht. Des Weiteren ist unsere Rationalität durch die Sünde begrenzt, durch die Verzerrungen unseres Verstandes. Und schließlich dadurch, dass wir das Opfer der Sünde anderer Menschen sind, seien es unsere Eltern, Vorfahren oder Mitmenschen. Rationalität ist niemals perfekt und funktioniert am besten in gegenseitiger Ergänzung mit den anderen Aspekten unserer Geistlichkeit. Wenn wir die Rationalität isolieren und uns davon das Leben erhoffen, bekommen wir den Tod.

Die Rationalität kann auch durch Geschichte und Kultur verzerrt werden. Geschichte und Kultur können wie ein Pendel von einem Extrem zum anderen schwingen. Nehmen wir zum Beispiel Objektivität und Subjektivität. Die Aufklärung und die wissenschaftliche Revolution bewirkten beide einen starken Ausschlag zur Objektivität und zur Vorstellung, dass Wahrheit mit Fakten gleichzusetzen ist. Dieser Ausschlag bewirkte viel Gutes im Sinne von wissenschaftlichen Entdeckungen, für die ich sehr dankbar bin. Aber so war es nicht vollständig. Für Eines bin ich der Postmoderne dankbar: Sie hat die Subjektivität als Teil der Wahrheit wiederhergestellt. So ist Wahrheit nicht nur das Objektive oder Faktische, sondern beinhaltet auch individuelle und persönliche Perspektiven. Das Problem mit der Postmoderne ist jedoch, dass sie durch die Wiederherstellung der Subjektivität in gewissem Maße wiederum die Objektivität eliminiert hat. Und ein Extrem ist nicht besser als das andere, nur eben anders. Was wir brauchen ist ein sich gegenseitig ergänzendes Gleichgewicht in Fülle und Gänze sowohl der

Objektivität als auch der Subjektivität.

Wie erreichen wir dieses Gleichgewicht? Durch Gebet und Vertrauen. Durch das Werk des Heiligen Geistes in unserem Leben, das uns verändert und uns den Geist Christi gibt, und nicht den Geist des Todes. So können wir diesem Gleichgewicht immer näher kommen, auch wenn wir es niemals erreichen. Niemand wird dieses perfekte Gleichgewicht erlangen, bis der Herr wiederkommt und alles neu macht. Bis dahin verbleiben wir in einer Situation, die nicht perfekt ist. Manchmal wollen Menschen etwas perfekt machen, aber Perfektionismus ist eine tödliche Krankheit, auch wenn sie verständlich ist, weil Gott uns dazu geschaffen hat, perfekt zu sein. Die Sehnsucht nach der Perfektion hat Gott in uns angelegt, aber der Anspruch, aus eigener Kraft Perfektion zu erlangen, oder die Angst, dass unser Leben ohne Perfektion keine Bedeutung und Wert hat, kommt nicht von Gott.

Rationalität funktioniert nicht gut, wenn sie isoliert ist. So wie hinsichtlich der Objektivität und der Subjektivität eine Balance gefunden werden muss, muss sie im Gleichgewicht mit anderen Bereichen der Geistlichkeit stehen. In einer gefallenen Welt werden wir dieses Gleichgewicht niemals vollkommen erlangen, aber eines Tages, in einer erlösten Welt, wird es geschehen. Und wenn es richtig ist, wird es kein statischer, eingefrorener Zustand sein, sondern eine aktive und dynamische Ewigkeit.

Das dritte Dreieck:
Moral

Das dritte Dreieck ist die Moral. Moral bedeutet, dass man sich bewusst ist was sein soll und was nicht. So wie die Bibel Gott beschreibt, ist Er moralisch. Er ist sich bewusst, dass Er Seine Versprechen halten sollte, und dass Er nicht untreu und launisch sein soll. Dieses sollen kommt von Ihm selbst. Niemand hat Gott geschaffen. Hinter Ihm steht kein Onkel und sagt: Du sollst ein zuverlässiger Gott sein! Er ist selbst-gezeugt. Als Mose Gott beim brennenden Busch begegnete, fragte er: Wer bist du? Was ist dein Name? Gott sprach: Ich bin der ich bin. Gott ist selbstbestimmt, Seine eigene Ursache. Aus unserer kreatürlichen Perspektive ist das unvorstellbar. Wie kann es eine Erste Ursache geben? Aus unserer Perspektive wird alles, was geschieht, von etwas anderem verursacht. Und dennoch ist Gott die einzige Ausnahme. Er ist die Erste Ursache. Er ist die endgültige Realität, und Er ist der Anfang von Allem.

Gott ist sich Seiner Selbst als Erste Ursache bewusst, und Er kennt Seine eigene Natur. Er ist keine kosmische Gaswolke der Liebe. Er ist ein bestimmter Gott, ein kreativer, in Beziehung stehender, sprechender und Versprechen haltender Gott. Es gibt eine Definition Gottes von Ihm selbst und die Er uns mitteilt: So bin ich. Er weiß, dass Er auf eine bestimmte Art und Weise sein sollte. Er sollte ein sprechender Gott sein und sollte nicht schweigen. Er sollte Seine Versprechen halten und sollte nicht lügen. Er ist vollkommen konsistent mit dem was sein sollte, und tut niemals etwas, was Er nicht sollte. Er ist sich selbst gegenüber treu, und auch gegenüber Seiner Schöpfung.

Als Gott den Menschen in Seinem Ebenbild schuf, gab Er ihm auch dieses Bewusstsein von sollen und nicht sollen. Er gab ihnen auch ein spezifisches Beispiel dafür, indem Er den Baum der Erkenntnis von Gut und Böse in der Garten pflanzte und ihnen sagte: Von diesem Baum sollt ihr nicht essen. Der Baum war ein echter Baum, er war aber auch ein symbolischer Baum.

Der Baum repräsentiert das unabhängig sein, aus sich selbst Gut und Böse unterscheiden zu können, anstatt dieses Wissen von Gott zu erhalten. Wenn ich mich dazu entschließe, das Gute und Böse aus mir selbst heraus zu erkennen, anstatt von Gott, dann macht mich das zu Gott. Dann beschreibe ich die Wirklichkeit. Ich bin die Quelle der Erkenntnis von Gut und Böse. Dieses Wissen kommt aus mir selbst.

Diese Überzeugung bewirkt den Tod. Tod deshalb, weil es mich von meinem Schöpfer entfremdet. Es entfremdet mich auch von anderen Menschen, die ebenfalls die Erkenntnis von Gut und Böse aus sich selbst erhalten, auch wenn sich diese von meiner unterscheidet. Wer hat nun Recht? Die Unterschiede sind so gravierend, dass man nicht einmal mehr sagen könnte, jeder habe Recht, denn dann hätte niemand Unrecht. Natürlich denken manchen Menschen das gerne. Aber ich bin noch keinem Menschen begegnet, der sich nicht beschwert. Ich bin noch keinem Menschen begegnet, der nicht sagt: Das ist nicht in Ordnung.

Aber die Vorstellung, es gäbe kein Falsch oder Richtig, hält sich beharrlich in unserer Welt. Es gibt Menschen, die sagen: Alles ist richtig, oder Alles ist OK. Oder sie sagen: Es gibt kein Richtig oder Falsch, Wir sind alle auf einer Reise. Wir wissen nicht, wo sie uns hinführt, aber das müssen wir auch nicht, und es geht nicht um das Ziel, sondern um die Reise. Wenn wir das wirklich glauben würden, dürften wir uns logischerweise niemals über irgendwas beschweren. Stattdessen werden wir fast schon dazu gezwungen, uns zu beschweren, nämlich weil es Dinge gibt, die falsch sind, sowohl objektiv gesehen als auch subjektiv. Jeder erfährt Dinge, die irgendwie falsch sind, falsch in ihrem Kontext, und falsch an sich.

Die Überzeugung, dass alles richtig ist, und dass wir in Ordnung sind, so wie wir sind, ist eine besonders attraktive Vorstellung. Sie entspricht unserer natürlichen Neigung, dass wir reich im Geiste sein wollen. Aber das ist nicht, was die Bibel lehrt. In der Bergpredigt, in welcher der König, Jesus, sein Manifest des Königreichs verkündet, ist der erste Punkt die Armut im Geiste. Armut im Geiste bedeutet, dass ich weiß, dass ich Gott brauche. Reichtum im Geiste bedeutet zu wissen, Ich bin gut in mir, und selbst-genügsam. Ich habe ein Recht auf Bestätigung. Ich brauche keine Vergebung, ich sollte bestärkt werden. Die Gesellschaft muss mir geben was sie mir schuldet. Das ist mein Recht. Ich bin in mir in Ordnung. Armut im Geist bedeutet zu erkennen, dass es mir nicht gut geht, dass ich nicht in Ordnung bin. Ich brauche Vergebung. Ich brauche Veränderung. Ich brauche Heilung. Das ist der erste Punkt im Himmelreich: Wenn du keine Armut im Geiste hast, wirst du niemals eine Beziehung zum Himmelreich haben.

Der Botschaft Jesu zu vertrauen ist nicht nur eine Frage des Glaubens. Wenn ich mir mein Leben aufrichtig anschaue, dann sehe ich Chaos. Ich sehe meine Erbärmlichkeit. Ich erlebe meine Entfremdung zu anderen. Die Bibel ermutigt mich, diese Durcheinander zu erkennen, nicht weil es durcheinander gebracht wurde, sondern weil ich mich selbst dazu entschieden habe, es durcheinander zu bringen. Dies zuzugeben kann mitunter sehr schwer sein. Unser natürlicher Stolz steht dieser Erkenntnis im Weg. Vielleicht werden wir auch geblendet durch böse Mächte, die uns verderben wollen. Die Bibel lehrt, dass der Teufel herumschleicht wie ein Löwe zu suchen, wen er verschlingen könnte. Der Teufel spricht zu Menschen und ermutigt sie zu tödlichen Denkmustern und Denkweisen, die sie im Tod bestärken. Die Kombination dieser beiden Kräfte, unserem Stolz und dem Bösen, kann uns davon abhalten, die fundamentale Bedeutung der Armut im Geiste zu erkennen. Sie kann uns davon abhalten zu erkennen, dass wir Gott brauchen.

Obwohl die Vorstellung Ich bin in Ordnung heutzutage populär ist, ist die Bibel ganz klar, dass dieses Denken in der gesamten Menschheitsgeschichte präsent war. Das Böse ist sehr mächtig, und Menschen lassen sich von ihm verführen und wählen es, weil es attraktiv erscheint. Wenn sie es einmal gewählt haben, kann es die Gewohnheiten verändern. Die Menschen bauen dann eine Festung um das, was falsch ist, und nennen es richtig. Wir verteidigen unseren Stolz. Wir verteidigen uns selbst, indem wir sagen: Nein, mir geht es gut, das ist der richtige Weg. Das ist eine echte Falle, und die Menschen brauchen Erlösung. Sie müssen aus ihrer Versklavung durch den Tod befreit werden. Auf irgendeine Weise steckt jeder von uns in dieser Falle, und wir alle brauchen Befreiung.

Religiöse Menschen, auch Christen, wollen oft sehr klare moralische Grenzen. Es stimmt, dass manche dieser Grenzen für uns von Gott gezogen werden, und diese sollten wir akzeptieren. Es ist jedoch ein Problem, dass die Menschen diese Grenzen übertreiben oder klein machen, oder auf irgendeine Weise verzerren. Im Grunde genommen ist die Grenze, die Gott uns gegeben hat, die Linie zwischen selbstzentriert sein und auf den anderen zentriert sein. Wenn es uns nur darum geht, selbst zu bekommen und bedient zu werden und für uns allein Bestätigung zu bekommen, dann bewegen wir uns in die falsche Richtung. Wenn wir jedoch an andere denken, also Gott oder andere Menschen, und wie wir ihnen helfen und ihnen dienen können, dann bewegen wir uns in die richtige Richtung. Es ist also vermutlich besser, sich eine Richtung vorzustellen, als eine Grenze. Es ist nichts falsch an einer moralischen Grenze, aber sie reicht nicht aus. So verurteilt die Bibel zum Beispiel ganz eindeutig den Ehebruch. Das ist eine Grenze, und die sollten wir nicht überschreiten. Wenn aber Jesus über den Ehebruch spricht, dann meint er damit den Ehebruch des Denkens und des Willens, nicht nur körperlichen Sex. Er fragt damit eher, in welche Richtung du dich bewegst. Wenn man es also unterlässt, mit jemand anderem als dem eigenen Ehepartner körperlich Sex zu haben, kann man sich immer noch durch die Vorstellungskraft, Sehnsucht, Besessenheit und Pornographie in Richtung Tod bewegen. Man kann sich moralischen Situationen also nicht mit Scheuklappen nähern und denken: Ich habe diese Grenze nicht überschritten, also bin ich in Ordnung.

Gott ist in der ganzen Bibel der gleiche Gott mit den gleichen moralischen Eigenschaften, sowohl im Alten als auch im Neuen Testament. Somit ist Gott moralisch konsistent. Natürlich gibt es Menschen die behaupten, dass Gott moralisch inkonsistent sei, aber sie vertreten diesen Standpunkt als Glaubensfrage. Er dient auch als Ausrede. Wenn sie glauben können, dass Gott Unrecht hat, dann sind sie frei. Dann können sie sagen: Ich schulde Gott nichts. Es gibt keinen Schöpfer. Ich bin durch die Evolution entstanden wie ein Pilz aus dem Schimmel. Ich kann mein eigener Gott sein. In der gefallenen Welt ist das ein sehr starker Impuls. Und ein weiteres Beispiel für Reichtum im Geiste.

Wenn mich Menschen auf die angebliche Inkonsistenz Gottes ansprechen, frage ich sie meistens: An was denkst du zum Beispiel? Und nach meiner Erfahrung haben die meisten Menschen kein eindeutiges Beispiel. Sie fallen dann zurück auf schwammige Vorstellungen wie etwa: „Ist es nicht so, dass der Gott des Alten Testamentes gesetzlich ist, während der Gott des Neuen Testamentes liebevoll ist?" Wenn man sich die Bibel aber sorgfältig und umfassend ansieht, was die meisten Menschen eben nicht tun, dann wirst du erkennen, dass die Behauptung, es gäbe zwei Götter, einen liebevollen und einen gesetzlichen, nicht wahr ist. Es ist der gleiche Gott, sowohl im Alten als auch im Neuen Testament. Mein Rat ist also, wenn die Frage nach der Beständigkeit Gottes für dich wichtig ist, dann gehe ihr nach. Überprüfe sie gründlich.

Ich ermutige die Menschen auch, neben der sorgfältigen Überprüfung der Bibel zum Verständnis Seiner Stimmigkeit, dass sie auch sich selbst sorgfältig überprüfen. Manchmal fragen

Menschen: Warum tut Gott nichts gegen das Böse, wenn Er doch allmächtig und allgütig ist? Meine Antwort lautet: Wenn Gott etwas gegen das Böse tun würde, was würde Er dann mit dir anstellen? Diese Frage kann sehr hilfreich sein. Es ist eine der wichtigsten Fragen, die sich Menschen selbst stellen können, wenn sie über Gottes moralischen Charakter nachdenken. Wenn du in dieser Frage ehrlich bist, und dich auch ehrlich mit der Bibel auseinander setzt, dann wirst du auf Antworten stoßen, die dich vielleicht überraschen. Aber nur weil diese Frage hilfreich ist, heißt das nicht, dass die Menschen sie auch beachten. Bei derartigen Fragen verhalten sich die Menschen oft wie Teflon. Im Neuen Testament stellte Jesus selbst, Fleisch gewordener Gott, den Menschen Fragen, und dennoch glitten sie von ihnen ab wie von einer Antihaftbeschichtung. Gott selbst sprach mit ihnen von Angesicht zu Angesicht, und es half nichts. Ihr Stolz war so stark, dass sie fest entschlossen waren, nichts anderes zu bedenken als das, was sie glaubten. Das war vor zweitausend Jahren. Und die Menschen heute sind genauso.

Stolz kann so machtvoll sein und verführerisch, dass es uns schwer fällt zu erkennen, warum wir die Armut im Geiste brauchen. Wenn wir die Armut im Geiste haben, nehmen wir uns so an, wie Gott uns geschaffen hat. Damit nehmen wir Gottes Meinung an, die viel positiver ist als unsere eigene, denn Gottes Meinung von uns sagt, dass wir es wert sind, für uns zu sterben. Das ist schockierend. Das ist ein Teil des Skandals, den das Evangelium darstellt. Gott sagt: Ich habe dich geschaffen, ich liebe dich. Du bist ein wunderbares Geschöpf, und du bist verloren. Ich will, dass du bei mir bist, so sehr, dass ich bereit bin, dafür zu sterben. Man kann keine höhere Meinung haben als das. Positiver kann man nicht werden. Die negative Seite ist, dass du sterben musst. Du musst deinem Ego absterben, deinem Stolz, deiner Selbstzentriertheit, deinem Wunsch, dich selbst zu erfinden.

Es ist nicht einfach, so zu sterben. Es kann schmerzhaft sein und beängstigend. Das Gute daran ist aber, dass dein Leben viel größer wird dadurch. Du stirbst deinem tödlichen Selbst, aber du lebst in Christus. Das Positive wiegt viel schwerer als das Negative, auch wenn das Negative nicht zu vernachlässigen ist. Die Aussicht zu sterben kann quälend sein. Es kann einem vorkommen wie eine Operation am offenen Herzen ohne Narkose. Ich habe Verständnis für diese Angst, aber als Christ und Pastor ermutige ich fortwährend die Menschen: Vertrau auf Gott. Ertrage den Schmerz. Ertrage den Schock. Stirb deinem tödlichen Selbst, auf dass du in Christus leben kannst. Es mag schwer sein, sich für das Leben zu entscheiden, aber es ist schockierend, dass Menschen das Leben nicht wollen. Es ist schockierend, aber auch normal und verständlich angesichts all des Drucks, der Versuchungen und natürlichen Schwächen der menschlichen Existenz.

Das vierte Dreieck:
Emotionen

So, wie die Bibel Gott beschreibt, hat Er Emotionen. Er wünscht sich, dass die Menschen leben und nicht sterben. Er wünscht sich, dass es den Menschen gut geht. Er wünscht sich, dass die Menschen bei Ihm wären und sich an Ihm erfreuen, und Er sich an ihnen. Er ist zornig, wenn das nicht geschieht – wenn die Menschen sich von Ihm abwenden und sich selbst oder einander zerstören.

Wir verstehen die Gefühle Gottes nicht besonders gut, aber die Bibel ist eindeutig darin, dass Er sie hat. Als Gott also Geschöpfe in Seinem Ebenbild erschuf, erschuf Er sie mit Gefühlen. Wir sehen das im Schöpfungsbericht. Adam funktionierte als Mensch, jedoch allein, und das war nach Gottes Worten nicht gut, denn das Ebenbild Gottes sind sie, nicht er oder sie. Adam war nur er, nicht sie . Etwas Wesentliches fehlte. Als Gott Eva schuf, war Adam voller Emotionen und sang eine Art Lied in paralleler hebräischer Poesie. Er war aufgeregt. Gefühle waren ein Teil dessen, wer er war. Sie waren von Anfang an vorhanden.

Wenn es um Gefühle geht, können wir zwei Fehler machen. Der eine ist, dass wir, wenn wir erkennen, dass Emotionen nicht stabil und zuverlässig sind, versuchen, unsere Emotionen zu vermeiden und unsere Geistlichkeit ausschließlich rational zu gestalten. Wir können versuchen, das Ganze zu vereinfachen und unsere Emotionen zu reduzieren. Das ist jedoch falsch und zerstörerisch, denn Gott hat uns geschaffen, um Emotionen zu haben und sie zu erleben.

Der andere Fehler besteht darin, unsere Geistlichkeit ausschließlich als etwas Emotionales zu verstehen. Menschen können dann nach Wegen suchen, um emotionale Erfahrungen zu machen, z.B. durch den Kontakt mit Menschen, oder indem sie eine bestimmte Art von Musik hören, oder eine bestimmte Art von Kunst betrachten, oder auf besondere Art und Weise reden. Die Menschen identifizieren dann ihre privaten Gefühle und ebenso auch die öffentlichen Gefühle, an denen sie teilhaben, als etwas Geistliches, und vernachlässigen letztendlich die Rationalität oder andere Aspekte der Geistlichkeit. Sie fühlen sich sicher und im Einklang mit Gott, weil sie wiederholt gestimmte Emotionen empfinden, die sie für geistlich halten. Diese Tendenz ist ein ernstes Problem und eine Reduzierung dessen, was geistlich bedeutet.

Sowohl unsere emotionale als auch unsere rationale Seite sind wichtig, aber keine von Beiden ist völlig vertrauenswürdig. Dennoch neigen die Menschen dazu, die eine oder die andere Seite zu betonen, und versuchen darum die andere zu limitieren oder gar zu eliminieren. Rationalität und Emotionen müssen zusammenarbeiten. Rationalität ohne Emotionen ist kein Leben. Es ist ein Computer. Emotionen ohne Rationalität ist ebenso ein Problem, ein Problem anderer Art, aber ebenso verzerrend.

Beim Bevorzugen von Emotionen neigen die Menschen dazu, bestimmte Arten von Gefühlen als geistlich zu definieren. Glücksgefühle werden eher favorisiert als Angst oder Scham, obwohl die Bibel uns lehrt, dass Angst und Scham Teil dessen sind, was wir in einer gefallenen Welt erfahren werden. Wir mögen diese Gefühle natürlich nicht, und so neigen wir dazu, unsere bevorzugten Emotionen, die wir als angenehm und wohltuend empfinden, als geistlich zu bezeichnen.

Ich glaube es gibt eine Emotion, die ich in Ermangelung eines besseren Ausdrucks als Größe bezeichnen würde. Stell dir vor, du befindest dich mitten in einem Gewitter, mit all dem Wind, Blitzen und Donner. In einer derartigen Situation kann ein Gefühl entstehen, das weder Angst, noch Freude oder etwas Ähnliches ist, sondern Größe – und das setzen die Menschen oft gleich mit Geistlichkeit. Ich würde dieses Gefühl eher mit den mob-artigen Empfindungen radikaler Gruppen verbinden. Ehrlich gesagt habe ich dieses Gefühl in Versammlungen mit Tausenden von Christen erlebt, die zusammen singen – ein

Rausch der Gefühle von Großartigkeit, was mir wirklich gefallen hat. Ich habe das exakt gleiche Gefühl, wenn ich Beethoven höre, und der war nicht besonders religiös.

Manche Menschen denken, dass wenn sie in einer Kirche das Gefühl der Größe wahrnehmen, oder auch ähnliche Gefühle, dass dies das Gefühl des Heiligen Geistes in ihnen ist. Aber ich bezweifle, dass das Werk des Heiligen Geistes in unserem Leben vornehmlich emotional erfahren wird. Ich würde Gefühle vom Wirken des Heiligen Geistes nicht ausschließen, sie aber auch nicht betonen, denn Gefühle können gefälscht werden. Andere Wirkungen des Heiligen Geistes in unserem Leben, wie die Früchte des Geistes, sind viel schwerer zu fälschen. Geduld, Freundlichkeit, Güte und Treue können nur schwer vorgetäuscht werden. Gefühle hingegen können ziemlich einfach vorgetäuscht und erzeugt werden. Möglicherweise nimmt mit einer Zunahme der bevorzugten Gefühle deine Geistlichkeit sogar ab. Wenn es darum geht, ob der Heilige Geist in uns wirkt, würde ich eher auf tatsächliche Veränderungen in unserem Leben und unseren Einstellungen achten, als auf Gefühle, die wir empfinden.

Manchmal wollen die Menschen nicht genau über ihre Gefühle nachdenken. Vielleicht erleben sie ihre Emotionen eher vage oder auf eine flüchtige Art, und wollen, dass das so bleibt. Dann würde ich fragen: Willst du auch nicht genau wissen, welches Essen giftig und welches nahrhaft ist?

Manche Menschen suchen nach der Erfahrung oder dem Gefühl des Einsseins mit allem. Sie können diese Erfahrung mit Hilfe bestimmter Drogen machen, die z.B. psychedelisch wirken, oder durch unterschiedliche Praktiken der Meditation, und manchmal auch durch monistische Religionen, wie den Buddhismus oder Hinduismus. Aber die Erfahrung des Einsseins ist der Tod. Was bedeutet das? Beachte, dass am Anfang der Wirklichkeit die Dreieinigkeit steht, die sowohl eins als auch viele ist, sowohl vereint als auch vielfältig. Wenn die Bibel vom Bösen spricht, dann spricht sie vom Teufel, Satan, dem Ankläger, der nur eins ist, ohne Vielfalt. Innerhalb des Bösen gibt es keine Beziehungen. Es ist wie ein schwarzes Loch. Schwarze Löcher werden auch Singularitäten genannt, und das ist bedeutsam. Die Singularität ist der Tod; das Leben, wie wir es kennen, kann in einer Singularität nicht funktionieren.

Manche Menschen behaupten, dass die Erfahrung des Einseins unser Gefühl für Frieden und unser Mitgefühl für andere steigern kann. Ich glaube, dass diese Menschen ihre Behauptung ernst nehmen, aber Ernsthaftigkeit ist kein Kriterium für Wahrheit. Der Teufel ist der Engel des Lichts, und attraktiv. Die Vorstellung vom Einssein ist attraktiv, aber sie ist der Tod. Und so gesehen hat natürlich der Tod einen zumindest zeitweiligen Vorteil. Er fühlt sich gut an. Würden wir die Sünde nicht genießen, würden wir sie niemals tun. Die Macht der Sünde ist ihre Anziehungskraft. Um Erfahrungen wie das Einssein richtig beurteilen zu können, müssen wir uns immer auf eine lebenswichtige theologische Frage zurückbesinnen: Wie ist die Wirklichkeit beschaffen? Oder anders, wie ist Gott beschaffen? Was lehrt die Bibel? Die Bibel sagt ganz klar, dass Gott vielfältig ist. Jesus sagt: Der Vater und ich sind eins. Da ist Einheit. Er sagt aber auch: Ich kann euch nur lehren, was mich der Vater lehrt. Ich weiß nicht wann das Ende der Geschichte kommen wird, nur der Vater weiß das. Es gibt also einen Unterschied zwischen Jesus und dem Vater. Wenn Jesus zum Vater betet, führt er kein Selbstgespräch. Er spricht mit jemand anderem. Eine extreme Betonung der Einheit, wie in der Vorstellung des Einseins, wird die Vielfalt auf dieser grundlegenden Eben nicht ernst nehmen. Infolgedessen wird sie die Wirklichkeit verzerren und zerstören.

Wenn wir vermeiden wollen, dass die Wirklichkeit derartig verzerrt wird, dann wäre es sinnvoll, innerhalb der Grenzen der Wirklichkeit zu bleiben. Das kann schwierig sein, denn viele Menschen haben die Vorstellung verloren, dass es eine Grenze der Wirklichkeit gibt. Wir haben gelernt, dass die Wirklichkeit so ist, wie wir sie empfinden. Die Bedeutung eines Textes liegt in meiner Reaktion auf diesen Text. Wenn ich mich mit solchen Meinungen auseinandersetze, dann frage ich die Menschen zum Beispiel: Wie empfindest du heute die Schwerkraft? Hast du das Gefühl, dass sie dich heute zur Erde hin anzieht oder davon weg? Und ich will gerne deine Empfindungen respektieren. Natürlich spielt es überhaupt keine Rolle, was ein Mensch hinsichtlich der Schwerkraft empfindet. Sie ist selbstverständlich. Gott hat uns die Schwerkraft gegeben, und auch wenn wir ganz unterschiedlich über sie empfinden können, ändern diese Gefühle nichts an der Wirklichkeit. Wenn wir unserem Gefühl folgen, dann kann das gefährlich sein, vor allem wenn wir fest davon überzeugt sind, dass wir fliegen können. Es ist also wichtig, die Grenzen der Wirklichkeit unserer Gefühle zur erkennen. Das heißt nicht, dass sie nicht real sind und dass wir sie nicht beachten sollten, oder dass sie nicht machtvoll und ein Teil unserer Selbst sind. Aber unsere Gefühle sind in ihrer Macht, Wirklichkeit zu schaffen, begrenzt, und diese Grenze müssen wir respektieren.

In östlichen Weltanschauungen wird statt Liebe oft das Wort Mitgefühl verwendet, wenn es im Zusammenhang mit Einssein steht, und das zu Recht. Liebe ist eine Beziehung von Angesicht zu Angesicht. Liebe ist Ausgrenzung und Umarmung. Aber wenn ich mit dir eins bin, kann ich dich nicht umarmen. Ich umarme nur mich selbst. Mitgefühl ist eine Emotion und eine Aktivität, durch die das Erfahren des Einssein unterstützt wird und Menschen dazu hinzieht. Liebe hingegen, auch wenn sie ein Gefühl sein kann, ist primär eine Reihe von Entscheidungen, die die andere Person ermutigen, so zu sein wie sie ist, nämlich anders. So beschreibt die Bibel die Wirklichkeit, wie sie tatsächlich ist.

Wenn Menschen über den Frieden sprechen, der mit dem Einssein einhergeht, dann ist es schwer zu verstehen, was genau damit gemeint ist, auch wenn es, abgesehen vom Gefühl, oft als Abwesenheit von Konflikt verstanden wird. Aber das ist kein Frieden im biblischen Sinne. In der Bibel ist mit Frieden Schalom gemeint, d.h. eine Plattform und einen Rahmen, um Konflikte auszutragen. Der Friede zwischen Jakob und Gott drückte sich im Ringkampf aus. Jakob kämpfte mit Gott, nicht gegen Ihn, und er rang um Wahrheit und Identität. Er wurde Israel – der mit Gott ringt, mit Gott kämpft. Frieden steht nicht für die Abschaffung des Kampfes, sondern für einen stabilen Kontext, in dem wir kämpfen und in der Wahrheit wachsen können. Die Abschaffung des Kampfes, des Konflikts, ist eine Abschaffung des Lebens.

Auf globaler Ebene kann ein zunehmender Glaube an das Gefühl des Einsseins Menschen anfälliger machen für Kontrolle, sei es auf politischer, wirtschaftlicher, religiöser oder anderer Ebene. Das würde vermutlich zu einer Diktatur führen.

Das fünfte Dreieck:
Sprache

Eines der ersten Dinge, die wir über Gott in der Bibel erfahren, ist, dass Er spricht. Wir lernen, dass Sein Sprechen Wirklichkeit erschafft. Es werde Licht, und es ward Licht. Es werde das Meer und das Land, und es ward das Meer und das Land. Gott sprach diese Dinge in die Wirklichkeit. Dann schuf Er den Menschen in Seinem Ebenbild durch Seine Worte, und brachte die Tiere vor Adam um zu sehen, wie er sie nennen würde. Er brachte sie nicht, um zu sehen, ob Adam ihre Namen erraten würde, oder ob er sich an die Liste der Namen erinnern würde, die Gott ihm gegeben hatte, sondern um zu sehen, welche Namen Adam ihnen aus eigener Vorstellungskraft, mittels eigener Formulierung und Kreativität geben würde. Und welche Namen Adam ihnen auch gab, das waren sie dann auch. Wie wir gesehen haben, wurden die Tiere durch ihre Namen verändert, indem sie in eine Taxonomie aufgenommen wurden. T.S. Eliot schrieb in seinen Vier Quartetten: ...die Rosen hatten das Aussehen von Blumen, die angesehen werden. In anderen Worten sind die Rosen, nachdem sie angesehen wurden, anders als Blumen, die nicht angesehen wurden. Und ebenso unterscheiden sich Tiere, die einen Namen erhalten haben, von Tieren, die noch keinen Namen bekommen haben. Der Mensch hat die Macht der Sprache, die Macht, die Wirklichkeit zu formen. Wir verändern die Wirklichkeit nicht auf die ursprüngliche Art wie Gott, als er aus dem Nichts erschuf, aber im Sinne von Umgestalten, indem wir den organisatorischen Prozess der Entwicklung von Beziehungen durch Sprache fortführen. Sprache ist also ein wesentlicher Bestandteil der menschlichen Natur.

Wenn wir geistlich sein wollen, dürfen wir die Sprache nicht eliminieren. Sie muss da sein, aber so wie bei den anderen Dreiecken, ist sie nicht sicher. Wir können die Sprache missbrauchen. Wir können lügen, sie manipulieren, sie auf falsche Weise verwenden. Aber wir können nicht geistlich sein ohne Sprache.

Wir müssen die Sprache ernst nehmen, und wir sollen uns auch an ihr erfreuen. Wenn wir sie nicht ernst nehmen, können wir uns auch nicht an ihr erfreuen. Wir müssen die Macht der Sprache anerkennen und unsere Verantwortung annehmen, sie sorgfältig zu verwenden. Wir müssen sagen, was wir meinen, und meinen, was wir sagen. Wir dürfen nicht so tun, als sei Sprache unwirklich, oder wirkungslos. Wir sollten nicht ständig am Ende jeden Satzes „keine Ahnung" sagen, oder alles mit „gefühlt" relativieren, statt zu sagen, was es eigentlich ist. Wir dürfen die Wirklichkeit der Sprache oder die Macht, die sie tatsächlich hat, nicht herunterspielen.

Wenn wir die Sprache ernst nehmen, dann erfreuen wir uns an unserer Fähigkeit, sie zur Beschreibung, zur Verpflichtung, zur Beziehung, für Ermutigung und Befähigung zu verwenden. Sprache hat eine belebende Funktion. Sie ernst zu nehmen bedeutet, dass wir lernen müssen, uns mit einer Vielzahl von Worten auszudrücken. Es bedeutet, sich mit Klischees, Sprichwörtern oder kulturellen Redewendungen vertraut zu machen und zu überprüfen, was sie wirklich bedeuten und ob wir es tatsächlich so meinen, oder ob wir uns nur dahinter verstecken. Sprechen wir auf eine überzeugte Weise, oder verstecken wir uns hinter Gruppendenken? Das sind die Fragen, die wir bedenken müssen, um unseren Sprachgebrauch zu vertiefen und zu bereichern.

Klischees sind besonders problematisch. Ihre Bedeutung kann distanziert, diffus oder breit gefasst sein. Die Menschen verlassen sich auf sie, aber sie sind keine direkte, verbindliche Kommunikation. Klischees fördern keine Beziehungen. Sie vermitteln eine seichte Art von Identität. Wir identifizieren uns vielleicht mit anderen Menschen, die dieselben Klischees verwenden, und haben das Gefühl, dass wir eine gemeinsame Beziehung haben oder irgendwie dazu gehören, aber das ist kaum eine Beziehung. Wenn ich jedoch sage, was ich denke, auch wenn der andere nicht mit mir übereinstimmt, haben wir tatsächlich eine engere Beziehung. Wir sprechen miteinander über ein Thema, und wir wissen, dass wir unterschiedlicher Meinung sind. Das ist viel näher, als wenn man nur das gleiche Klischee nachplappert.

Wir sehen auch eine zunehmende Verwendung von Bildern und Symbolen, um Ideen auszudrücken. Bilder können in mancherlei Hinsicht effektiv sein, können aber auch reduktionistisch wirken. Ein Emoji zum Beispiel drückt einen Gedanken nicht umfassend und klar aus, wenn ich aber ein oder zwei Sätze an jemanden schreibe, ist das direkter, verantwortungsvoller und aussagekräftiger.

Manche Menschen haben das Gefühl, dass sie nicht gut in Sprachen sind. Vielleicht kämpfen sie mit diesem Aspekt der Geistlichkeit. Wir alle kämpfen mit einem oder mehreren Aspekten der Geistlichkeit. Das ist Teil der Wirklichkeit. Es wäre unweise zu sagen: Dieser Teil der Geistlichkeit ist ein Kampf, also werde ich ihn weglassen oder missachten, oder so tun, als ob er unwichtig ist. Das wäre ein großer Fehler. Das Leben ist hart. Wir müssen uns gegenseitig ermutigen im Kampf des Lebens. Wenn eine Person mit der Sprache Schwierigkeiten hat, dann müssen wir sie unterstützen und ihr helfen zu erkennen, dass sie sprachliche Fähigkeiten hat, die noch nicht entwickelt sind, und ihr helfen, sich für diese Möglichkeiten zu begeistern. Das Gleiche gilt für Emotionen, Rationalität und all die anderen Aspekte der Geistlichkeit. Denn das bedeutet Liebe. Es bedeutet, so zu handeln und zu sprechen, dass der Andere in dem ermutigt wird, was Gott möchte, dass er ist. Gott will, dass wir in all den unterschiedlichen Bereichen der Geistlichkeit reich und stark sind. Jeder Mensch neigt dazu, in einigen Aspekten stärker und in anderen schwächer zu sein. Wir haben eine natürliche Neigung, das Starke zu stärken und das Schwache zu ignorieren. Aber wir haben auch eine geistliche Neigung, das Schwache zu stärken, ohne das Starke zu ignorieren.

Unglücklicherweise neigen die Menschen dazu, das, was für sie am natürlichsten ist, für geistlich zu halten. Das ist eine grundlegende Verwechslung zwischen dem Natürlichen und dem Geistlichen. Ein Mensch, der von Natur aus eher rational als emotional ist, neigt dazu, die Rationalität für geistlich zu halten und Emotionen für eine Art Voodoo. Wir aber müssen uns gegenseitig in unserer geistlichen Neigung ermutigen, die darin besteht, eine ausgeglichene gegenseitige Ergänzung der verschiedenen Aspekte der Geistlichkeit zu erlangen.

Das sechste Dreieck:
Gesellschaft

Die Bibel sagt uns, dass Gott drei Personen ist. Sie sind nicht identisch, und in mancher Hinsicht entgegengesetzt. Zum Beispiel gebietet der Vater und sendet aus, und der Sohn gehorcht und geht. Es gibt eine dynamische Vielzahl von Funktionen und Blickwinkel in Gott, in der ursprünglichen Wirklichkeit. Die Personen Gottes sprechen zueinander und leben in einer hierarchischen Beziehung miteinander. Hierarchische Beziehungen sind heutzutage vielleicht politisch inkorrekt, aber Jesus hat sich diesbezüglich klar geäußert. Er sagte, dass Er nichts lehren könne, was Er nicht selbst vom Vater empfangen habe. Er sagte auch, dass Er nicht wisse, wann das Ende der Zeit kommt, nur der Vater wisse das.

Gott existiert objektiv. Die drei Personen Gottes existieren jeweils objektiv. Die Personen Gottes sehen sich gegenseitig von jeweils unterschiedlichen Blickwinkeln, und das ist Subjektivität. Der Vater existiert objektiv und ändert sich nicht. Er ist seinem Wesen treu. Der Sohn und der Heilige Geist sehen den Vater aus unterschiedlichen Blickwinkeln, und obwohl sie die gleiche objektive Person betrachten, unterscheidet sich manches, was sie von ihren subjektiven Blickwinkeln aus sehen. Der Sohn sieht vollkommen, und der Heilige Geist sieht vollkommen, und somit sind die Unterschiede dessen, was sie sehen, auch vollkommen.

Das bedeutet für das christliche Leben unter anderem, dass Christen keine Klone voneinander sein sollen, die immer der gleichen Meinung sind. Die Beziehung zwischen Christen sollte nicht von Identität geprägt werden, sondern von gegenseitiger Ergänzung, was bedeutet, dass wir unsere Unterschiedlichkeiten akzeptieren, respektieren und wertschätzen. Am sechsten Schöpfungstag sprach Gott: Lasst Uns den Menschen machen in Unserem Ebenbild. Dann schuf er Adam. An den anderen Tage, als Er das Land, das Meer, die Sterne, die Planeten, die Pflanzen und die Tiere schuf, sagte Er: „Es ist gut." Aber, wie bereits erwähnt, nachdem Er Adam geschaffen hatte, sagte Er: „Es ist nicht gut." Was nicht gut war, war, dass Adam alleine war. Es ist nicht gut dass der Mensch alleine sein. Der Grund dafür ist, weil Gott nicht alleine ist.

Hier ist ein Sprichwort, das ich mir ausgedacht habe: Gott allein ist Gott, aber Gott ist nicht allein. Und doch war Adam am Anfang allein. Es gab niemand anders. Er konnte eine Beziehung mit Gott haben, was grundlegend und schön ist, aber innerhalb der Schöpfung gab es niemanden, zu dem er eine Beziehung aufbauen konnte. Adam war sich seiner selbst und seiner Umgebung bewusst, und prägte seine Umgebung, indem er die Tiere benannte. Die meisten Menschen würden denken, dass Adam persönlich war, aber das stimmt nicht. Um persönlich zu sein braucht es Beziehungen zu anderen Personen. Persönlich zu sein unterscheidet sich deutlich von Identität – vom „Selbst-Sein". Es ist Selbstsein in Beziehung zu anderen, die auch selbst-sind. Und das fehlte Adam. Er hatte nur sich selbst. Gott brachte die Tiere vor Adam, um zu sehen, wie er sie nennen würde, und vielleicht auch, damit Adam erkannte, dass es für ihn keine parallele Beziehung bei den Tieren gab.

Tiere sind anders als Menschen. Pflanzen auch. Sie funktionieren vollkommen treu innerhalb der Parameter, die Gott ihnen gegeben hat. Viele Vögel sind z.B. als Zugvögel geschaffen. Sie ziehen jedes Jahr fort, ohne Ausnahme, manchmal sogar am selben Tag, oder sie sterben. Ähnlich ist es, wenn man in den Alpen wandert und eine Blume entdeckt, die zehn Höhenmeter weiter nicht mehr wächst. Wenn die Samen dieser Blume ein paar Meter zu hoch oder zu tief geweht werden, dann keimen sie nicht, oder sie sterben nach dem Keimen, weil sie, wie andere Pflanzen und Tiere, einen natürlichen Lebensraum und natürliche Funktionen haben. Außerhalb dieser Parameter sterben sie, sie können nicht existieren. Der Mensch hingegen, der in Gottes Ebenbild geschaffen ist, verändert dieses Muster. Der Mensch ist der Muster-Brecher. Der Mensch pflegt den

Garten, der Mensch beginnt mit dem, was Gott geschaffen hat, und verändert es. Es ist wie bei dem Beispiel mit dem Weizen. Gott erschafft den Weizen, und der Mensch schafft es, dass der Weizen alleine auf einem Feld wächst. Das ist die Art von radikaler Veränderung von Mustern, die der Mensch vornimmt, und was die anderen Tiere (oder Pflanzen) nicht tun. Aber das macht ihn nicht persönlich. Dazu braucht es eine andere Person, die sich ihrer selbst bewusst ist.

Auf sehr reale Weise ist ein Mensch nicht im Ebenbild Gottes. Natürlich denkt man im Allgemeinen, dass jede Person, jedes Individuum, im Ebenbild Gottes geschaffen ist, aber der Schöpfungsbericht zeigt, dass dem nicht so ist. Auch das Vaterunser zeigt, dass es nicht so ist. Das Vaterunser beginnt mit Vater unser, nicht mit Mein Vater. Es geht einfach nicht nur um mich und Gott. Jesus hat nicht die Vorstellung, dass ich mich vollkommen alleine auf Gott beziehe, dass Er mein persönlicher Gott ist und ich eine private Beziehung zu Ihm habe. Ich muss die Beziehung zu Gott in Beziehung zu anderen Menschen leben.

Also gab Adam den Tieren ihre Namen, und das war eine machtvolle Angelegenheit, weil es ihre Natur veränderte. Der Akt des Benennens macht einen Unterschied in der Welt. Aber dennoch war die Situation nicht gut, weil Adam alleine war. Es gab niemanden in der Schöpfung, mit dem er eine Beziehung hätte aufbauen können. Also schuf Gott Eva. Eva war Adam in vielerlei Hinsicht ähnlich, so war sie auch ein Muster-Brecher wie er, hatte einen subjektiven Blickwinkel und so weiter, aber sie unterschied sich auch von Adam. Sie war kein Klon von Adam. Es gibt in Amerika ein seltsames Sprichwort: Gott schuf Adam und Eva, und nicht Adam und Stefa[n] . Dieses Sprichwort wird oft gegen die homosexuelle Gemeinschaft verwendet, aber in Wirklichkeit meint es etwas viel Grundlegenderes. Gott hat den Menschen nicht geschaffen, um Gleichartigkeit zu suchen und in einer Identität zu leben, sondern um in Beziehungen mit

Unterschieden zu leben. In der richtigen Beziehung zwischen
Adam und Eva gibt es etwas Drittes – ein Kind. Und so ist
der Mensch in Grunde genommen überall, wo man in der
Geschichte hinschaut. Es gibt eine Mutter, einen Vater und
ein Baby. Die Menschen kommen also immer zu Dritt, und
das sollte uns nicht überraschen. Gott ist drei Personen, und
Sein Ebenbild sind drei Personen. Menschen sind trinitarisch.
Als Gott fertig war mit der Erschaffung von Adam und Eva,
und Adam und Eva in Beziehung zueinander standen, sagt der
Bibeltext: Und Gott schuf den Menschen in Seinem Ebenbild,
in Seinem Ebenbild schuf Er ihn. Das Ebenbild Gottes ist also
nicht „er" oder „sie", sondern sie , in Beziehung.

Die Vorstellung, dass der Mensch trinitarisch ist, wurde durch
ein paar christliche Lehren individualisiert, durch die Annahme,
dass jeder Mensch eine dreifache Anordnung ist aus Körper,
Seele und Geist. Ich halte diese Lehre für problematisch, weil
sie einige Dinge auslässt, wie z.B. das Herz und den Verstand.
Sie ist somit nicht umfassend. Aber das größere Problem ist,
dass es nur um das Ich geht, während es im Christentum um
den anderen geht. Es geht darum, den Nächsten zu lieben wie
sich selbst, nicht um sich selbst zu lieben. Es geht nicht um
eine private Beziehung zu Gott, sondern um Beziehungen
in einer Gemeinschaft zu haben, als Familie, Freundschaft,
Nachbarschaft, Kirche, Geschäft, Nation oder andere
Gemeinschaften. Deshalb scheint es mir richtiger zu sein zu
sagen, dass der Mensch eine dreigeteilte Natur hat, aber es ist
nicht Verstand, Körper und Geist, sondern Mutter, Vater und
Kind. Das ist die grundlegende Geistlichkeit. Geistlichkeit ist
somit keine private Angelegenheit. Man kann nicht wirklich
sagen: Ich bin geistlich. Man kann nur sagen: Wir sind geistlich.

Heutzutage wollen die Menschen glauben, dass sie sich selbst
erfinden. Aber die Bibel lehrt, dass es gegeben ist, wie wir sind.
Die gefallene Natur und die Sünde der Welt verzerrt das, aber
grundsätzlich ist uns gegeben, wer wir sind. Wenn Menschen

darauf bestehen, sich selbst in ihrem Verlangen, ihrem Schmerz oder ihrer Vorstellung zu erfinden, dann nehmen sie sich selbst die Möglichkeit, dass ihnen etwas gegeben ist. Dadurch können die Menschen sehr einsam werden. Sie setzen sich auch selbst enormem Druck aus, nicht nur um sich selbst zu erfinden, sondern auch um diese Erfindung aufrecht zu erhalten. Das gilt insbesondere für Kinder und Jugendliche. Ich glaube, das ist der Grund, dass wir steigende Selbstmordraten bei Jugendlichen beobachten. Sie können den Druck nicht ertragen, ihr eigener Gott zu sein. Sie können dem Druck nicht standhalten, sich selbst aus ihrer eigenen Vorstellung heraus zu erschaffen.

Das siebte Dreieck:
Der Körper

Man kann nicht geistlich sein ohne Körper. Viele Menschen, wenn nicht gar die meisten, denken, dass geistlich etwas Transzendentes oder Nicht-Körperliches ist. Aber „geistlich", so wie es in der Bibel beschrieben wird, ist eine umfassendere Wirklichkeit. Gott hat die physische Welt geschaffen, und Er liebt sie. Er hat versprochen, dass Er sie wieder herstellen und für immer erhalten wird. Gottes Wirklichkeit ist nicht in geistlich und nicht-geistlich gespalten, alles ist geistlich. Geistlich bedeutet eine vollständige und integrierte Realität; was teilweise und entkoppelt ist, das ist ungeistlich.

Gottes ursprüngliche Absicht war, einen physischen, inkarnierten Körper zu haben. Gottes ursprüngliche Absicht für uns war ebenfalls, einen physischen Körper zu haben. Die Vorstellung, dass das „Geistliche" das Physische nicht beinhaltet, ist sehr alt, und das beunruhigte schon die Jünger von Jesus. Der Sieg Jesu über den Tod am Kreuz führte zu Seinem neuen geistigen Auferstehungskörper. Als die Jünger diesen Körper sahen, sahen sie ihn durch platonische oder griechische Augen. Palästina war seit dreihundert Jahren eine griechische Kolonie, seit Alexander dem Großen, und die Griechen hatten die Kontrolle über das Bildungswesen. Jüdische Jungen hatten das griechische Denken verinnerlicht, welches die transzendente Vorstellung beinhaltete, dass „die Idee" realer ist als die tatsächliche Sache, was das Alte Testament so nicht lehrt. Als die Jünger nun sahen, wie Jesus in den verschlossenen Raum erschien, in dem sie sich aufhielten, dachten sie, dass sie einen Geist sehen oder ein übernatürliches Wesen. Und das erste, was Jesus ihnen sagte, war: Nein, ich bin kein Geist, fasst mich an. Ich von vollkommen real. Er bat sie auch um etwas zu essen, und aß es in ihrer Gegenwart. In dem neuen geistlichen Königreich Gottes ist das Berühren geistlich und auch das Essen. Die Jünger waren erschrocken, weil Jesus nicht durch die Tür oder das Fenster zu ihnen kam. Er konnte ihnen erscheinen, sich einfach materialisieren, weil Er sowohl in raum-zeitlichen Dimensionen funktionierte als auch in nicht-raum-zeitlichen Dimensionen der Wirklichkeit. Deshalb konnte Er teleportieren, erscheinen und sich entmaterialisieren. In Seinem Auferstehungsleib funktioniert Jesus in der gesamten Wirklichkeit. Wir funktionieren nur in einem Teil des Ganzen, und sind uns auch nur dessen bewusst. Wenn wir geistlich werden – in vollem Maße in einer erlösten Welt – dann werden wir in der Lage sein, in der ganzen Wirklichkeit zu funktionieren, vollkommen real zu sein. Und das beinhaltet einen physischen Körper.

Im Lukasevangelium lesen wir, dass Jesus zwei Jüngern auf ihrem Weg nach Emmaus begegnete. Emmaus liegt ungefähr sieben Kilometer von Jerusalem entfernt, also braucht es ungefähr zwei Stunden, um die Strecke zu Fuß zurückzulegen. Die Jünger gingen gerade nach Hause. Die meisten Gemälde und Zeichnungen von dieser Begegnung zwischen Jesus und den beiden Jüngern zeigen zwei Männer. Aber es waren keine zwei Männer, sondern es war Kleopas, der im biblischen Text erwähnt wird, und Frau Kleopas – Maria Kleopas – die bei der Kreuzigung zugegen war. Diese beiden Jünger sind niedergeschlagen und bedrückt wegen des kürzlichen Todes Jesu und dem, was seither geschehen war. Jesus fragte sie: Warum seid ihr so traurig? Sie antworteten: Bist du ein Tourist? Weißt du nicht, was hier los war? Die ganze Stadt ist in Aufruhr. Wir dachten, der Messias sei gekommen, aber Er wurde umgebracht, obwohl jetzt einige Frauen behaupten, sie hätten Ihn am Leben gesehen, und jetzt wissen wir nicht, was wir davon halten sollen. Jesus antwortete: Ihr habt ein so träges Herz! Und dann legte Er ihnen die Heilige Schrift aus und zeigte ihnen auf dem langen Weg von Anfang bis zum Ende, warum der Messias sterben und zu neuem Leben auferstehen muss.

Als sie Emmaus erreichten, baten sie Ihn in ihr Haus und zum Abendessen. In einem jüdischen Haus, damals wie heute, nimmt der Vater am Anfang der Mahlzeit das Brot und sagt: Wir segnen dich, oh Gott, König des Universums, der uns Brot gibt. Dann bricht er das Brot und die Mahlzeit beginnt. Als sie sich aber hinsetzten, nahm Jesus das Brot, und das muss ein wenig schockierend gewesen sein. Es war als ob Er sagen würde: Das ist mein Haus, ich bin hier der Gastgeber. Das ist mein Brot und ich habe das Sagen. Dann sprach Er das Gebet, wie es Brauch war, brach das Brot und verschwand. In dem Moment sagten die Jünger nicht: Brannte nicht unser Herz, als Er verschwand? Nein, und sie sagten auch nicht: Brannte nicht unser Herz, als er das Brot nahm? Was sie sagten, war Folgendes: Brannte nicht unser Herz, als Er entlang des Weges mit uns sprach? Als Jesus also mit ihren Köpfen arbeitete, brannten ihre Herzen, und das zeigt uns, dass der Abstand zwischen dem Kopf und dem Herz nichts ist. Es gehört alles zusammen. Denken, verstehen und wahrnehmen sind alle Teile der Geistlichkeit. Geistlichkeit ist nicht bloß eine transzendente oder emotionale Wirklichkeit. Es ist auch eine rationale und wahrnehmende Wirklichkeit.

In Johannes 21, 4-13 lesen wir, wie Jesus zu den Jüngern am See Genezareth geht. Sie haben die ganze Nacht hindurch beim Licht der Fackeln gefischt, und Er scheint zu fragen: Hey Leute, habt ihr nichts gefangen? Sie antworteten: Nein, haben wir nicht. Er ermutigte sie, das Netz noch einmal auszuwerfen. Sie entgegneten, dass sie das schon die ganze Nacht getan hätten, aber Er bestand darauf, also taten sie es und landeten einen riesigen Fang. Es war ein Wunder, aber Jesus ist der Schöpfer des Universums und rief die Fische ins Netz. Da dämmerte den Jüngern, wer da mit ihnen sprach. Sie kamen an das Ufer und sahen einige überraschende Dinge. Sie stellten fest, dass Jesus ein Feuer gemacht hatte. Er hatte also gearbeitet. Er hatte auch ein Brot gebacken, und war somit schöpferisch tätig gewesen, und hatte auch Fisch gebraten. Wir sehen also, dass Arbeit geistlich ist und auch Kreativität, weil der wiederauferstandene verherrlichte Christus beides tat. Dann sprach Jesus: Kommt, lasst uns frühstücken. Das zeigt uns, dass auch Gastfreundschaft geistlich ist.

In den oben genannten Erscheinungen nach Seiner Auferstehung ist Jesus körperlich anwesend, und zwar ausdrücklich: Er geht, spricht, isst, arbeitet, und das zeigt uns, dass der physische Körper für die Geistlichkeit wesentlich ist. Es sagt uns, dass unser physischer Körper für immer von Gott erhalten wird. Wenn wir als versuchen, geistlich zu sein, sollten wir nicht versuchen, den Körper zu vernachlässigen, zu verlassen oder zu transzendieren. Wir sollten den Körper ernst nehmen, nicht auf eine selbstzentrierte oder narzisstische Art, sondern wie Gott es beabsichtigt hat. Wir sollten Gott für ihn danken und uns an ihm erfreuen. Unser physischer Körper ist nicht etwas, was Gott wegwerfen wird. Er hat ihn geschaffen und wird ihn zusammen mit unserem Denken und unserem Herzen verwandeln, und ihn für uns bei sich bewahren, für immer.

Der auferstandene Jesus, wie Ihn die Bibel beschreibt, ist die finale geistliche Wirklichkeit. Es gibt keinen weiteren Schritt. Nichts anderes geschieht. Das ist es. Jesus ist natürlich und übernatürlich. Er ist transzendent und immanent. Wenn wir zu Ihm gehören, ist das die Richtung, in die wir uns bewegen. Natürlich wissen wir nicht alles darüber, wie es sein wird, derart vollständig wiederhergestellt zu sein, aber wir sehen Hinweise darauf im auferstandenen Jesus, und wir sehen es beim Hochzeitsmahl des Lammes am Ende der Bibel. Dieses Mahl wird nicht aus einem Austausch von ektoplasmischen Nahrungswellen zwischen glühenden Lichtkugeln bestehen. Es wird gebratenen Fisch geben, und Brot und Speisen aller Art. Die Menschen werden es genießen. Vielleicht werden sie den Geschmack kommentieren. Natürlich gehört noch viel mehr zu dieser erlösten Existenz, weil wir in allen Dimensionen der Wirklichkeit leben werden, und wie das sein wird, wissen wir noch nicht ganz. Wir wissen aber mit Sicherheit, dass es ein größeres, reichhaltigeres und interessanteres Leben sein wird als das, was wir momentan haben. Nichts wird uns weggenommen werden von dem, was wir haben, außer unsere Tränen, unser Weinen, unser Schmerz und unsere Sterblichkeit. Aber wir werden weiterhin Gefühle und Wahrnehmungen haben. Es gibt keine allgemeine Reduktion des Lebens, um dadurch ein geistliches Leben führen zu können. Stattdessen werden Dinge zu dem Leben hinzugefügt werden, das wir bereits haben. Wir können die vollständig erlöste Existenz jetzt nicht erleben, aber wir können glauben, annehmen, uns freuen und im Glauben das erwarten, was kommen wird.

Das achte Dreieck:
Das Übernatürliche

Wir haben sieben unterschiedliche Aspekte der Geistlichkeit betrachtet, die alle wesentlich sind und in einer sich gegenseitig ergänzenden Beziehung stehen, und so eine vollständige Geistlichkeit bilden. Über eine Sache haben wir aber noch nicht gesprochen, und das ist das Übernatürliche, zu dem Engel, Dämonen, Reiche und Mächte gehören, aber auch das Gebet und das Wirken des Heiligen Geistes in unserem Leben.

Wir befinden uns ständig in der Gegenwart des Übernatürlichen, nicht nur manchmal. Um geistlich zu sein, muss man das Übernatürlich mit einbeziehen und nicht nur im geschaffenen Raum-Zeit-Kontinuum leben. Wir müssen eine Beziehung haben mit der ungeschaffenen Wirklichkeit, und das ist Gott. Manchmal bezeichne ich das Übernatürliche als das achte Dreieck der Geistlichkeit, obwohl ich das nicht oft betone, weil die meisten Christen (und Nicht-Christen) bereits wissen, dass Geistlichkeit auch das Übernatürliche beinhaltet. Das Problem ist aber, dass viele Menschen denken, es sei alles, was sie beinhaltet, und deshalb betone ich die anderen sieben Dreiecke – um zu zeigen, dass Geistlichkeit mehr ist als das Übernatürliche, auch wenn es nicht weniger ist als das Übernatürliche.

Gebet ist eine Beziehung mit Gott. Manche Menschen interessieren sich für Gebetstechniken. Manchmal kann es Techniken geben, aber wenn man das Gebet auf eine Technik reduziert, ist es nicht mehr das, was Gott damit im Sinn hatte. Beziehungen sind keine Techniken. Beziehungen sind oft das exakte Gegenteil, bisweilen etwas geheimnisvoll. Die Situation zwischen uns und Gott ähnelt einer Ehe. Wir sind die Braut Christi. Er ist unser Ehemann, und wir stehen mit Ihm auf unterschiedliche Weise in Beziehung. Eine davon ist Gebet. Die Menschen verwechselt das Gebet mit Meditation, Transzendenz oder emotionalen Erfahrungen, aber grundsätzlich geht es beim Gebet um Sprache. Es beinhaltet Worte. Am Ende seiner Prophezeiung sagt Hosea: Nehmt Worte mit und kehrt um zum

Herrn. Das hört sich vielleicht etwas komisch an, so wie tue sie in einen Eimer, aber denk daran, dass das erste, was wir über Gott erfahren ist, dass Er spricht. Seine Rede hat Wirkung, und er ist seiner Rede treu. Das erste, was wir über den Menschen erfahren, ist dass er ebenfalls spricht. Adam benennt die Tiere, und seine Rede hat Wirkung. Worte und Sprache sind wesentlich und grundlegend für Gott und für Gottes Ebenbild, die Menschen.

Wir können die Wichtigkeit von Worten gar nicht überbetonen. Wir müssen sie sorgfältig verwenden. Ich habe von Christen Aussagen gehört wie: Es sind doch nur Worte. Meine Antwort lautet: Und was sonst ist die Bibel? Was gibt es sonst noch in der Bibel außer Worte? Da ist nichts anderes. Es sind nur Worte. Worte sind für das menschliche Gespräch und das Gebet essentiell. Als Jesus Seine Jünger das Beten lehrte, lehrte Er sie keine besondere Körperhaltung oder Atemtechnik, auch kein spezielles Mantra. Er ermutigte sie, und uns, mit Gott zu reden. Er gab uns Sein Gebet, das Vaterunser. Er will, dass wir gemeinsam mit Gott reden, denn Er sagte nicht Mein Vater, sondern Vater unser. Worte verbinden uns mit dem Übernatürlichen.

In der Kirche wird oft gesagt, dass wir auf Gottes Stimme hören sollen in unserem Gebet oder im Leben. Das ist in gewisser Weise wahr, kann aber auch irreführen. Gott hat bereits durch die Bibel zu uns gesprochen, und so können wir Gottes Botschaft an uns hören, die durch die Menschen überbracht wird, die die Bibel geschrieben haben. Es ist wichtig, auf diese Botschaft zu hören (lesen, studieren, darüber beten). Aber abgesehen von der Bibel, können wir jemals buchstäblich hören, wenn Gott zu uns spricht?

Die Bibel erzählt im Alten und im Neuen Testament von einer ganzen Reihe von Menschen, die die Stimme Gottes gehört haben. Interessant finde ich, dass keiner von ihnen hörend war oder Gottes Stimme erwartet hat. Für jeden war es eine totale Überraschung. Für machen war es sogar ein Schock. Der Apostel Paulus auf der Straße nach Damaskus hat nicht auf Gottes Stimme gehört. Sie kam als Überraschung und warf ihn zu Boden und machte ihn blind. Aber Gott sprach zu ihm. Gott spricht, wann Er will und wie Er will, deutlich und spezifisch zu einigen Menschen, zu anderen nicht. Aber Er hat reichlich und allgemein gesprochen, durch die Schöpfung und die Bibel, durch die Menschwerdung von Jesus Christus und die Einzigartigkeit des Menschen. Diese sind ein Ausdruck von Gottes Wort, und Wirkung von Gottes Wort, und wir sollten sorgfältig auf sie achtgeben. Aber zu glauben, dass Gott ein persönliches Wort zu mir sagt, abgesehen von der Bibel, ist eine andere Sache.

Manche Menschen erwarten es aber immer noch. Sie warten hörend auf Gottes Stimme bei verschiedenen Anliegen, sei es, ob sie einen Ford kaufen sollen, oder an die Mission in Pakistan spenden sollen, oder diesen Ältesten wählen sollen und nicht den anderen. Es ist möglich, dass Gott zu dir persönlich im Gebet spricht, aber der Bibel zufolge scheint das Hörendsein auf sein Sprechen keinen großen Einfluss darauf zu haben, ob wir Ihn hören oder nicht. Vielmehr sagt die Bibel, dass wenn Er spricht, wir Ihn hören, ungeachtet dessen, ob wir auf Ihn gehört haben oder nicht.

Was bedeutet das in der Praxis? Nehmen wir an, wir suchen nach einer Entscheidung, ob wir das Auto kaufen, den Ford, den wir beim Händler gesehen haben, obwohl unsere finanzielle Situation momentan angespannt ist. Wir wissen, dass Gott ein Gott sowohl der großen als auch der kleinen Dinge ist, und dass Ihm alles am Herzen liegt, und deshalb wollen wir sicher gehen, dass wir unser Geld weise einsetzen. Was sollen wir tun? Können wir deshalb Gott und Führung bitten? Natürlich können wir das, und wir sollen es auch. Wir können um Weisheit bitten. Wir können um ein Gespür für die Umstände bitten, damit wir eine gute Entscheidung treffen können. Wenn wir allerdings Gott bitten, für uns die Entscheidung zu treffen, sagt er sehr oft: Nein, du entscheidest. Du bist ein Mensch, keine Marionette. Ich werde das nicht für dich entscheiden, das darfst du selbst. Dennoch ist es gut, die Frage vor Gott zu bringen, denn uns wird im Philipperbrief gesagt: In allen Dingen lasst eure Bitten in Gebet und Flehen vor Gott kundwerden. Hier steht nicht, dass man nur das vor Gott bringen soll, was Ihn vielleicht interessiert. Es meint alles. Das beinhaltet den Ford. Aber Er wird uns nicht entmenschlichen, indem Er uns alle Einzelheiten unseres Lebens vorschreibt.

Manchmal geschehen Wunder als Antwort auf ein Gebet. Wir sitzen vielleicht am Küchentisch, und plötzlich ruft ein Freund aus Oklahoma an und sagt: Hey, ich habe diesen alten Ford, den ich nicht mehr brauche, kennst du jemanden, der ein Auto braucht? Solche Dinge geschehen, aber nicht immer, dennoch kommt so etwas vor. Jedoch solltest du nicht darauf warten, bis sowas passiert, bevor du eine Entscheidung triffst. Es könnte sein, dass du für den Rest deines Lebens wartest und nie ein Auto kaufst, obwohl du eigentlich dringend eines brauchst.

Wenn wir uns mit dem Übernatürlichen beschäftigen, dürfen wir nicht vergessen, dass uns verboten ist, es zu kontrollieren. Deshalb ist Magie verboten. Magie ist die Kontrolle des Übernatürlichen. Manche Kirchen versuchen, dieses Verbot auf subtile Weise zu umgehen. Zum Beispiel glauben und praktizieren einige Kirchen, dass der Heilige Geist kommen wird, nachdem die Band sich aufgewärmt hat und der Gesang laut genug ist. Das ist Magie. Die Idee scheint zu sein, dass der Heilige Geist um 8:00 auftauchen wird, aber nicht um 7:00, weil sich die Band noch aufwärmt. Nur wenn wir unser Ding machen, taucht der Heilige Geist auf. Das ist keine gute Vorgehensweise.

Eine umfassende Geistlichkeit

Geistlichkeit ist nicht Teil unseres Lebens, sondern unser gesamtes Leben. Eine umfassende Geistlichkeit beinhaltet alle Dreiecke, die wir behandelt haben: Kreativität, Rationalität, Moral, Emotionen, Sprache, Beziehungen, den Körper und das Übernatürliche.

Alles was wir tun, mit Ausnahme der Sünde, ist Teil unserer Geistlichkeit. Wir sollten unser Leben nicht in einen geistlichen oder übernatürlichen Teil und einen natürlichen Teil aufteilen, sondern es als Ganzes betrachten.

Unser Verständnis all dessen ist nicht perfekt, unsere Sicht nicht vollkommen klar. Gott hat denen, die an Jesus glauben, verheißen, dass sie vollständig wiederhergestellt werden sollen zu dem, was Gott will. „Wir sehen jetzt durch einen Spiegel in einem dunklen Bild; dann aber von Angesicht zu Angesicht. Jetzt erkenne ich stückweise; dann aber werde ich erkennen, gleichwie ich erkannt bin." (1. Korinther 13,12)

Rauchglas

Reiner Anfang
Brennend durch mancherlei Tode
Unsere Herzen werden zu Eis

Falscher Anfang
Geläutert durch des Geistes Feuer
Unsere Herzen schmelzen zu Fleisch.

- ein Paar Haiku des Autors

32 Fragen

1. Was ist die Hölle?

Die Hölle ist Teil des Übernatürlichen. Gott will den Tod nicht. Gott will, dass wir leben. Es ist nicht Gottes Wille, dass irgendein Sünder stirbt, sondern dass alle sich Ihm zuwenden und leben. In Gottes Wirklichkeit gibt es Leben, aber keinen Tod. Der Tod ist das Resultat des Versuchs, in einer anderen Wirklichkeit zu leben. Obwohl der Tod tatsächlich eintritt, ist er nicht real. Wie passt die Hölle in diesen Zusammenhang?

Mir scheint, dass wenn wir uns dafür entscheiden, konsequent außerhalb der Wirklichkeit zu leben, ist das wahrscheinlichste, was passiert, dass wir entwerden . Die Person in der Bibel, die am häufigsten über die Hölle sprach, war Jesus. Sein Wort für Hölle war Gehenna. Gehenna war ein tatsächlicher Ort. Es war die Müllkippe im Kidrontal außerhalb von Jerusalem. Gehenna war ein gutes Bild, denn dort wurde der Müll verbrannt, und die Feuer brannten Tag und Nacht. Die Flammen verlöschten nie. Die Frage in Bezug auf die Hölle ist, was geschieht mit dem Müll? Wie wir wissen, ist die Flamme ewig, aber brennt dann auch der Müll ewig, oder wird er verbrannt? Ein Teil der Botschaft Jesu besagt, dass wenn wir uns selbst als Müll sehen, dann werden wir Müll sein und ins Feuer gehen.

2. Eine andere Frage ist: Woher kommt das Feuer?

Mir scheint, es muss von Gott kommen. Manche Leute habe eine vage Vorstellung, dass der Teufel das Feuer macht, aber ich glaube nicht, dass der Teufel überhaupt irgendetwas macht. Der Teufel ist kein Schöpfer. Der Teufel ist ein Ankläger. Der Teufel lebt in der Unwirklichkeit, in Rebellion gegen Gott. Er lädt andere Geschöpfe ein und verführt sie, dass sie sich ihm anschließen, das ist seine Art, sie zu verzehren. Aber das Feuer, von dem wir in der Bibel lesen, das kommt von Gott. Es ist Seine Herrlichkeit. Es ist ein ewiger Teil von Ihm. Der Knackpunkt für uns ist hier, ob wir diesem Feuer als einem läuternden Feuer oder einem verzehrenden Feuer begegnen. Wenn wir uns Gott zuwenden und uns entscheiden, in Seiner Wirklichkeit zu leben – wenn wir von Ihm verändert werden wollen – dann begegnen wir dem Feuer. Es verbrennt uns und es läutert uns, so wie Silber, das im Schmelztiegel geschmolzen wird, wie es bei Maleachi beschrieben ist. Das Feuer brennt, und die Unreinheiten steigen an die Oberfläche und werden abgeschabt. Das Silber wird so immer reiner, und der Läuterer ist Jesus. Er schwebt über dem kochenden Topf, und wenn der Abstrich abgekratzt wird, sieht Jesus sich selbst im Silber; wir werden Ihm immer ähnlicher, während wir geläutert werden. Wenn wir uns jedoch nicht Gott zuwenden, wenn wir uns von Gott abwenden, dann verbrennt uns das Feuer von hinten. Das Feuer läutert diejenigen nicht, die in ihren eigenen Vorstellungen leben wollen, in ihrem Stolz und ihrer Eitelkeit; es ist das gleiche Feuer, aber es verbrennt, verzehrt und zerstört. Wir wissen, dass dieses Feuer ewig ist, weil es Gott ist, aber wieder stellt sich die Frage, ob der Müll ewig brennt oder verbrannt wird. Es ist eine schwierige Frage.

3. In dem Zusammenhang ergibt sich eine weitere Frage: Ist die Hölle auf ewig selbst-erhaltend, oder müsste Gott sie für immer aufrechterhalten?

Manchen Menschen glauben, dass Gott tatsächlich ein derartiges Paralleluniversum in Ewigkeit erhalten würde. Es ist ein Paralleluniversum, separat und getrennt, weil es nicht in Gottes Universum existieren könnte, das Wahrheit und Licht, Geist und Liebe ist. Dieses Paralleluniversum ist eine falsche Wirklichkeit – stolz, selbstzentriert, destruktiv und rebellisch. Manche würden argumentieren, dass Gott ein derartiges separates Universum nicht aufrechterhalten würde, dass Er Seine kreative Macht nicht dafür einsetzen würde, einen derartigen Ort zu erhalten. In diesem Falle, da nichts existieren kann ohne Gottes erhaltende Kraft, würde die Hölle nicht für immer bestehen, sondern würde vergehen, wenn die in ihr verbrannt sind.

4. Man hört manchmal, dass die linke Gehirnhälfte eher sequentiell und linear arbeitet, während die rechte Gehirnhälfte eher ganzheitlich funktioniert. Hat die Struktur des Gehirns irgendeine Entsprechung zu Zeit und Ewigkeit?

Vermutlich nicht. Die Bibel sagt uns, dass wir den Verstand Christ haben sollen, nicht das Gehirn Christi. Das Gehirn ist ein Werkzeug, das der Verstand zum Denken benutzt.

5. Was ist der Verstand?

Wir wissen es nicht genau, aber in der Bergpredigt gibt es eine Passage, die uns helfen kann, den Verstand zu verstehen. Jesus sagt da, dass das Auge das Licht des Leibes ist. Jesus sagt uns, wenn das Auge lauter ist, dann ist der Leib licht, aber wenn das Auge böse ist, dann ist der ganze Leib finster. Wenn das Auge lauter ist, dann sieht es alles in einem Fokus und ist ungeteilt. Das Gehirn sieht die Wirklichkeit aufgeteilt in linear und ganzheitlich, aber der Verstand ist nicht geteilt, es sei denn, er ist böse.

6. Wie erlangen wir diese Lauterkeit des Geistes?

Indem wir Gott vertrauen, dass er es für uns schafft. Vertrauen korrespondiert mit Glauben. Ich vertraue darauf, dass Gott an mir und mit mir tun wird, was gut und notwendig ist. Ich stelle mich Gott zur Verfügung, damit Er in mir wirkt, indem ich Ihm vertraue und gehorche, ich bin also nicht vollkommen passiv. Ich entscheide mich, an Gott zu glauben, ich entscheide mich, Ihm zu vertrauen, Ich entscheide mich, den Weg zu gehen, den der Geist mir weist.

7. Was sollen die Menschen tun, wenn dieser Weg zu Schmerzen und Leiden führt?

Wir sollten die Schmerzen und das Leid als Wachstumsschmerzen akzeptieren. Die letzte Seligpreisung in der Bergpredigt lautet: Selig sind die, die um Jesu Willen verfolgt werden, denn ihrer ist das Himmelreich. Wenn wir Jesus nachfolgen, dann befinden wir uns in zwei Königreichen, dem Königreich der Welt und dem Königreich des Himmels. Es gibt einen Kampf und eine Schlacht. Der Stress und das Leid dieses Kampfes sind ein Zeichen des Lebens und der Zugehörigkeit zum Königreich Gottes.

8. Warum denken so viele Menschen, dass geistlicher zu werden bedeutet, transzendente oder übernatürliche Erlebnisse zu haben?

Ein Grund dafür ist, dass es die Geistlichkeit zu erleichtern scheint. Es ist eine Art von Flucht vor der ganzen Wirklichkeit. Die Menschen leiden in der natürlichen Welt und wollen, dass das Übernatürliche realer ist als das Natürliche. Die Menschen erwarten, dass sie in der übernatürlichen Welt nicht leiden werden. Der Teufel motiviert uns, so zu denken, denn er will, dass wir die Wirklichkeit nur teilweise, aber nicht vollständig sehen. Die Wirklichkeit vollständig zu sehen bedeutet, sie sowohl als natürlich, als auch als übernatürlich zu sehen.

9. Wenn wir eine Vision oder ein anderes übernatürliches Erlebnis haben, das uns einfach so zufällt, können wir dem vertrauen?

Wir müssen unsere übernatürlichen Erlebnisse prüfen, ob sie zur biblischen Wahrheit als Ganzem gehören. Im 1. Johannes 4,1-3 wird uns gesagt, dass wir unsere Erfahrungen prüfen sollen, ob sie anerkennen, dass Jesus Christus im Fleisch gekommen ist. Das bedeutet, dass das Übernatürliche natürlich geworden ist, das Ewige in die Zeit eingetreten ist. Keine Vision oder Erfahrung sollte uns von dieser Wahrheit abbringen.
Es gibt eine Geschichte über Charles Spurgeon, einen Baptistenpastor in London. Er ging den Gang entlang in seiner Kirche auf dem Weg zur Kanzel, um zu predigen. Ein Engel des Lichts stand ihm im Weg und sprach: „Charles Spurgeon, ich habe eine Botschaft des Herrn für dich." Spurgeon sagte: „Ich bin beschäftigt, ich muss gleich predigen." Der Engel sagte: „Es ist eine sehr dringende Botschaft." Spurgeon sagte: „Okay, sag sie mir." Der Engel sprach: „Dein Name ist in das Buch des Lebens des Lammes geschrieben." Spurgeon sagte: „Die Bibel hat mir das bereits zugesagt, und du versuchst mich, dass ich dem Wort eines Engels glauben soll. Geh weg.
"Das ist ein Beispiel für die Unterscheidung der Geister. Wir sind alle unterschiedlich und sollten nicht versuchen, uns gegenseitig zu kopieren, aber die Einstellung haben, von einer übernatürlichen Erfahrung Klarheit zu fordern. Die grundlegende Frage, in unterschiedlicher Ausprägung, lautet: „Ist Jesus Christus im Fleisch gekommen?" Spurgeon stellte diese Frage nicht wörtlich, aber es ging ihm darum, dass Jesus Christus, das fleischgewordene und geschriebene Wort Gottes, die Grundlage seines Lebens ist.

10. Gibt es Menschen, die eher zu einer Wahrnehmung des Übernatürlichen neigen? Falls ja, welchen Rat würdest du diesen Menschen geben?

Es scheint, dass manche Menschen, vor allem Kinder, sich des Übernatürlichen eher bewusst sind als andere Menschen. Mein Rat wäre, dieses Bewusstsein nicht abzulehnen, aber vorsichtig zu sein. Wenn wir das Übernatürlich zu sehr betonen, könnten wir in den Glauben verfallen, dass das Übernatürliche realer ist als das Natürliche, was nicht wahr ist.

Der Glaube, dass das Übernatürliche wirklicher ist, kommt prinzipiell vom Teufel, aber auch von einigen Philosophen wie Plato. Das Christentum ist kein Mystizismus. Jesus ist nicht nur übernatürlich real, sondern auch natürlich. Das Wort ward Fleisch, ohne dabei ungeistlich zu werden.

11. In nicht-christlichen spirituellen Systemen, vor allem in meditativen Systemen, werden Schweigen und Stille oft betont. Sollte beides im christlichen Leben eine Rolle spielen?

Ja, wir sollten Raum geben, auf Gott zu hören, der durch Sein Wort, die Bibel, spricht, und auch auf anderen Wegen. Wir sollten aufpassen, dass wir das Schweigen und die Stille nicht mit Gebet verwechseln, denn das ist eine verbindliche Sprache.

12. Wenn geistlich gleichbedeutend ist mit vollkommen real, ist geistlich dann auch gleichbedeutend mit demütig?

Ich würde nicht sagen, dass geistlich das Gleiche ist wie demütig, aber dass Demut geistlich ist. Demut ist im Grunde genommen Realismus, wenn ich akzeptiere, wer Gott ist, was Er tut und was Er will. Als Gott Mose am brennenden Dornbusch auftrug, Israel zu führen, sagte Mose: Nein, dazu bin ich nicht qualifiziert. Das war Stolz. Als Mose dann akzeptierte, dass Gottes Wille richtig war, war es Demut. Mose wurde als der demütigste Mensch auf Erden bezeichnet. Er hatte die Macht über Leben und Tod über eine Million Menschen, und er war demütig.

13. Mit welchen Worten spricht die Bibel über Geistlichkeit?

Wenn die Bibel über Geistlichkeit redet, beginnt sie mit Gott. Sie sagt sogar: „Gott ist Geist." Die Worte, die die Bibel für Geist verwendet, sind Ruach und Pneuma, hebräische und griechische Worte, die beide „Wind" bedeuten. Wenn die Bibel sagt, dass der Geist weht wo er will, dann steht da „der Wind windet." Geist ist Ausdruck oder etwas, das hinausgeht. Ein Mensch hat einen Geist. Das gleiche gilt für ein Buch, ein Lied, eine politische Partei, eine Familie oder eine Kirche. Sie alle drücken sich selbst aus und sind aktiv. Der Geist ist ein Ausdruck der gesamten Person. Er bezieht jeden Teil des Menschen mit ein. Die Tatsache, dass Jesus das Wort Gottes ist, durch welches alles gemacht ist, zeigt uns die schöpferische Wirkung dieses Windes oder Ausdrucks.
Im Johannesevangelium 4,24 sagt Jesus: „Gott ist Geist". Er sagt nicht, dass Gott geistlich ist oder geistliche Teile hat. Gott ist vollständig Geist, also muss unser Verständnis darüber, was geistlich ist, alles beinhalten, was wir über Gott herausfinden können. Beachte auch, dass man nicht sagen kann, Geist ist Gott. Wenn wir so denken, gehen wir letztendlich von unseren Erfahrungen aus und dem, was wir schon über den Geist denken und fühlen. Letztendlich sagen wir dann, dass Gott so ist, wie ich Geist verstehe. Das funktioniert nicht, denn es beginnt bei uns. Das Gleiche gilt auch für die Liebe. Wenn wir wissen wollen, was Liebe ist, dann müssen wir herausfinden, was Gott ähnlich ist. Die korrekte Gleichung lautet: Gott ist Liebe. Die falsche Gleichung wäre: Liebe ist Gott. Viele Menschen, vor allem in unserer postmodernen Zeit, glauben an die falsche Gleichung. Sie sagen: Meine Erfahrung der Liebe, meine Annahmen oder Hoffnungen über die Liebe, sind Gott. Wenn ich über diese Dinge Bescheid weiß, dann weiß ich über Gott Bescheid. Aber

das stimmt nicht. Ich weiß dann nur über meinen Wahnsinn Bescheid, meine eigenen Verzerrungen. Wenn wir es aber anders herum sagen – Gott ist Liebe – dann fangen wir bei Gott an und können herausfinden, was Liebe tatsächlich ist. Wir müssen es Gott überlassen, die Liebe in Bezug auf sich selbst zu definieren. Das gleiche gilt für den Geist. Alles, was wir über Gott herausfinden, ist geistlich, auch die Menschwerdung.

14. Ist Technologie geistlich böse?

Neue Technologien in unserer Welt erlauben uns, grundlegende Aspekte unseres Wesens zu manipulieren, sei es durch Genmanipulation, der Schaffung von Schnittstellen zwischen unserem Gehirn und Künstlicher Intelligenz, oder auf anderen Wegen. Sollten wir dies weiter verfolgen? Vermutlich sollte es ein paar Grenzen für derartige Aktivitäten geben, obwohl das davon abhängt, wie und warum eine Technologie verwendet wird. Im Allgemeinen gesprochen wären diese Technologien problematisch und tatsächlich böse, wenn sie beispielsweise grundlegende Aspekte unserer Geistlichkeit einschränken oder unsere Fähigkeit reduzieren würde, Entscheidungen zu treffen, oder Schuld zu empfinden mit der Erkenntnis, dass wir Vergebung brauchen. Daher sollte es wohl Grenzen geben, auch wenn wir sorgfältig nachdenken und beten müssen, um zu erkennen, was der beste Weg ist.

15. Was sind die Konsequenzen des Sündenfalls?

Der Tod. Mit „Tod" meine ich die Entfremdung und Trennung von Dingen, die nach Gottes Willen zusammen gehören. Mit „Dingen" meine ich beispielsweise eine Person und eine andere, die Menschen und Gott, und die Menschen von sich selbst, so dass zu Lebzeiten der Körper eines Menschen von seinem Verstand und seinem Geist in gewissem Maße getrennt wird, und dann eine permanente Trennung erfährt, wenn der

Körper zerfällt. Es gibt auch eine Entfremdung zwischen dem menschlichen Teil der Schöpfung (Menschen) und dem nichtmenschlichen Teil der Schöpfung (Pflanzen, Tiere, Felsen, Flüsse,...). Der Tod ist ungeistlich. Die umfassende Geistlichkeit, die ein Geschenk Gottes durch Jesus Christus ist, zerstört den Tod, und stellt alle Beziehungen wieder her, die Gott angelegt hat.

16. Wie können wir als Menschen möglichst umfassend in einer gefallenen Welt leben?

Sowohl aktiv als auch passiv. Wir erlauben Gott, in uns zu leben und ein Leben lang in uns zu wirken, und wir entscheiden uns, Seinen Weisungen in Seinem Wort (Bibel) und durch den Heiligen Geist nachzufolgen, der in uns allen lebt. In unsere Entscheidungen müssen alle Dreiecke mit einbezogen werden, damit unser Leben und unsere Geistlichkeit ganzheitlich sind.

17. Was ist der Unterschied zwischen moralisch und ethisch?

Moralisch bedeutet, innerhalb der absoluten Richtlinien Gottes für das Leben zu leben. Unmoralisch bedeutet, außerhalb dieser Richtlinien zu leben. Ethisch bedeutet, innerhalb der temporären Lebensrichtlinien einer Kultur zu leben. Unethisch bedeutet, außerhalb dieser Richtlinien zu leben. Die Menschen ziehen ethische Grenzen. Gott zieht moralische Grenzen.
Wenn du mit jemandem Sex hast, der nicht dein Ehepartner ist, hast du die Grenze überschritten. Wenn du aber darüber nachdenkst, Sex mit jemand zu haben, der nicht dein Ehepartner ist, hast du ebenfalls diese Linie überschritten.
Wir sind niemals in der Situation, in der wir diese Linie nicht überschritten haben. Wir sind immer Sünder. Wir brauchen immer Gottes Gnade. Wir können uns nicht selbst bewahren.

18. Überschreiten Wissenschaftler moralische Grenzen?

Wissenschaftler haben schon immer die Grenzen zur Unmoral überschritten. In der Antike entdeckten Agrarwissenschaftler Methoden zu Intensivierung der Pflanzenproduktion, und zerstörten so den Boden im Tal von Euphrat und Tigris um 3000-4000 vor Chr. Wissenschaftler haben ihre Entdeckungen immer aus dem Gesamtkontext von Gottes Schöpfung herausgelöst und Zerstörung angerichtet. Gott will, dass die Menschen Seine Schöpfung wissenschaftlich untersuchen, aber Er will, dass wir durch das, was wir dabei lernen, sorgsam mit der Schöpfung umgehen, und sie nicht durch eine engstirnige und egoistische Manipulation zerstören. Wenn wir dann beispielsweise über Nanotechnologie und so nachdenken, ist die Frage immer noch die gleiche, wie zur Zeit der Antike. Die Wissenschaft ist von Gott geboten, aber sie muss verantwortungsbewusst und sorgsam im Gesamtkontext von Gottes Schöpfung angewendet werden, damit wir Seine Schöpfung nicht reduzieren und zerstören.

19. Wie können wir herausfinden, ob unsere Kirche zu rational in der Schriftauslegung geworden ist?

Selbst nur ein wenig Rationalität ist falsch, wenn sie aus dem Kontext der Liebe herausgenommen wird. Wenn wir also glauben, wir können ein vitales und lebendiges Verständnis in unserem Verstand bewahren, ohne es in Liebe auszuleben, begehen wir einen großen Fehler. Rationalität ist gut und richtig, aber sie muss im Kontext mit Liebe funktionieren. Wenn sie von der Liebe losgelöst wird, führt sie zum Tod. Die Frage hier ist also nicht, ob es zu viel oder zu wenig Rationalität gibt, sondern ob diese Rationalität im Zusammenhang mit der Liebe gelebt wird.

Es könnte eine Kirche in einer Universitätsstadt geben,

die einen derart hohen Grad an Rationalität hat, dass die Durchschnittsperson sich fehl am Platz fühlen würde, aber wenn diese Rationalität in Liebe praktiziert wird, gibt es damit kein Problem. Andererseits könnte es eine Kirche in einer ländlichen Bauerngemeinde geben, wo niemand je eine Hochschule besucht hat, und die Rationalität auf eine gesetzliche, egoistische und ausgrenzende Weise praktiziert wird. In diesem Fall wäre die Rationalität destruktiv.

20. Ist es geistlich, psychedelische Substanzen zu sich zu nehmen, um damit psychiatrische oder medizinische Beschwerden zu lindern?

Im Allgemeinen würde ich sagen, ja.

21. Ist es geistlich, psychedelische Substanzen zu sich zu nehmen, um damit Kontakt aufzunehmen zu übernatürlichen Wesen oder Reichen?

Wir sind angehalten, die Geister zu unterscheiden, ob sie von Gott sind oder nicht. Der Test, den ich bereits erwähnt habe, lautet: Kam Jesus Christus im Fleisch? Wenn uns also eine psychedelische Droge eine Erfahrung vermittelt, die uns lehrt, dass das Übernatürliche realer ist als das Natürliche, dann ist es falsch (weil Jesus Christus tatsächlich im Fleisch kam und vollkommen geistlich blieb).

22. Kannst du uns ein Beispiel nennen für den Schalom Gottes im Zusammenhang mit Leiden?

Schalom ist Wohlbefinden und Sicherheit in Gottes Wahrheit und Liebe. Schalom ist ein Fundament und ein Rahmen für das Leben, den Gott uns gibt. Dieses Fundament ist immer wirksam, egal ob wir fröhlich sind oder traurig, in Sicherheit oder in Gefahr. Es ist nicht die Abwesenheit von Konflikt, aber die Sicherheit innerhalb eines Konfliktes. Der Schalom Gottes ist größer als die Konflikte, die wir erleben.

Als ich wegen Depressionen im Krankenhaus war, war ich sehr, sehr krank und hatte furchtbare Schmerzen. Wenn ich mich selbst fragte: „Bin ich sicher in Gottes Liebe?", war die Antwort immer „Oh ja, natürlich!"

23. Gab es jemals Momenten, in denen du dieses Schalom verloren hattest?

Es gibt Momente, da verlieren wir alle die Verbindung damit. Wir leben in einer gefallenen Welt, wir sind alle Sünder. Allerdings können die Momente, in denen wir die Verbindung mit Gottes Schalom verlieren, sehr glückliche oder triumphale Momente sein. Wenn wir glücklich sind oder triumphieren, können wir versucht sein, selbstzentriert zu werden und Gute und Böse aus unseren eigenen Erfahrungen und Vorstellungen heraus zu erkennen, statt in Bezug auf Gottes Wahrheit. Ich würde also sagen, dass die glücklichen, bequemen und erfolgreichen Momente im Leben gefährlicher sind als die Momente, die wir nicht genießen. Wenn wir leiden, werden wir uns mehr bewusst, dass wir Gott brauchen. Wenn wir triumphieren, glücklich sind oder uns wohl fühlen, neigen wir zu vergessen, dass wir Gott brauchen. Wenn wir vergessen, dass wir Gott brauchen, verlieren wir unser Schalom. Das entspricht der ersten Seligpreisung: Selig sind, die arm im Geiste sind, denn ihnen gehört das Himmelreich, denn nur wenn wir wissen, dass wir Gott brauchen, haben wir Schalom.

24. Wie können wir in unserem Sprachgebrauch verbindlicher werden?

Schreibe Fragen und Antworten auf, schau sie dir nach ein oder zwei Tagen noch einmal an, und frage dich, ob du sie mit deinem Namen unterschreiben würdest. Schreibe alles um, bis die Fragen und die Aussagen sich stabilisieren und jeden Tag gleich bleiben. Ein paar meiner Studenten haben das ausprobiert, und es funktioniert. Andere fanden es zu schwer und gaben auf. Diese Übung kann demütigend sein, weil wir merken, dass wir chaotisch und unverbindlich sind in unserer Sprache. Obwohl wir sehen, dass es möglich wäre, verbindlicher im Sprechen zu werden, ermutigt die Welt um uns herum uns zum Chaos. Die Menschen um uns herum sagen vielleicht „Chill mal", „Entspann dich", „Mach dir keine Sorgen", „Lass dich einfach treiben" oder „Wie auch immer". Jemand hat mir einmal gesagt: „Werde nicht zum Wortakrobat." Verbindlicher im Sprachgebrauch zu werden ist in unserer heutigen postmodernen Kultur gegenkulturell und antisozial – und dadurch wird man geistlicher.

25. Woher kommt die menschliche Sehnsucht nach Entdeckungen und dem Durchbrechen von Mustern?

Von Gott. Gott wollte Geschöpfe in Seinem Ebenbild schaffen. Menschen sind in Seinem Ebenbild. Die anderen Geschöpfe (Tiere) sind es nicht. Menschen haben von Gott den Auftrag, Seinen Schöpfungsprozess fortzuführen, indem sie die Komplexität der Schöpfung mehren. So hat Gott zum Beispiel Schafe und Ziegen geschaffen, dass sie in der Natur umherwandern und den Jahreszeiten folgen. Der Mensch hat die Komplexität von Schafen und Ziegen erhöht, indem er sie in dauerhaften und stabilen Situationen unterbringt. Was Gott tut, heißt Schöpfung, und was der Mensch tut, heißt Kunst, denn es ist künstlich.

26. Was meinen die Menschen heutzutage, wenn sie sagen, dass sie spirituell sind, aber nicht religiös?

Im Grunde genommen weiß ich das nicht. Wenn jemand also so etwas zu mir sagt, dann frage ich ihn, was er meint. Die Annahme zu wissen, was eine andere Person meint, ist ein großes Hindernis für die Kommunikation.

27. Du hast gesagt, dass die Ewigkeit permanent und Zeit temporär ist. Wenn Zeit temporär ist, ist sie dann eine Verzerrung?

Die Schöpfung, die Gott geschaffen hatte, war perfekt. Die Beziehung zwischen Zeit und Ewigkeit war perfekt, ohne Verzerrung. Aber Sünde und Rebellion führten zu einer Entfremdung in der Wirklichkeit, die von Jesus besiegt werden muss. Die Schöpfung in der Zeit ist ein Ausdruck der Wirklichkeit in Ewigkeit. Gott lebt in der Ewigkeit, vor und außerhalb der Schöpfung. Zeit und Ewigkeit sind Matrizen von Sequenz. Im Raum geschehen Dinge in der Zeit. Außerhalb des Raums geschehen Dinge in Ewigkeit. Es gibt unterschiedliche Schnittstellen zwischen Zeit und Ewigkeit, wobei die wichtigsten von ihnen Offenbarung und Gebet sind. Wenn Jesus wieder kommt, wird alles zusammengeführt werden, in eine Matrix, und wir werden in Ewigkeit leben.

28. Wie können wir das Wirken des Heiligen Geistes spüren?

Wir werden mit dem Heiligen Geist erfüllt, wenn wir an Jesus glauben. In der Bibel steht nichts davon, wie sich der Heilige Geist anfühlt.
Gleichzeitig steht in der Bibel nichts darüber, dass man den Heiligen Geist nicht fühlen kann. Aber sie sagt uns nicht, was oder wie man das fühlt.

29. Was ist ein Segen?

Ein Segen ist eine Vergrößerung des Lebens – während ein Fluch eine Verkleinerung des Lebens ist. Wir haben gewöhnlich die irrige Vorstellung, dass sich Segen gut anfühlt. Viele Segnungen fühlen sich schlecht an. Das deutlichste Beispiel dafür ist der Zahnarzt. Der Zahnarzt ist ein Segen. Er fühlt sich schlecht an. Wir haben Angst vor ihm. Wir meiden ihn. Ich denke, das ist ein Symbol für das ganze Leben. Die Segnungen fühlen sich sehr oft schlecht an, und die Flüche fühlen sich gut an. Wenn du auf der Straße hinfällst und dir das Bein brichst, und du liegst da in deinem Schmerz, und ein Arzt kommt des Wegs und sagt: „Oh, du Armer, du musst furchtbare Schmerzen haben, ich sehe, wie der Knochen aus deiner Haut ragt, ich will dich segnen" – und spritzt dir Morphium. Nach drei Sekunden fühlst du dich wunderbar. Dann sagt er: „Jetzt bist du gesegnet", und geht weiter. Bist du gesegnet? Nein, du bist verflucht. Das Leben ist wirklich verwirrend, und wir müssen in die Bibel schauen und erkennen, was ein Segen und was ein Fluch ist, und im Glauben wandeln.

30. Was ist der Himmel?

Der Himmel ist die übernatürliche Dimension der Wirklichkeit. Die Dimensionen des Himmels ähneln den Dimensionen der natürlichen Wirklichkeit, unterscheiden sich aber auch von ihnen. Beispielsweise funktioniert die natürliche Wirklichkeit grundsätzlich in der Zeit, und die übernatürliche Wirklichkeit funktioniert in der Ewigkeit. Sowohl Zeit als auch Ewigkeit sind Matrizen von Sequenz, die miteinander verbunden sind. Das bedeutet, dass jeder Punkt in der Zeit zu jedem Punkt in der Ewigkeit präsent ist. Am Ende der zeitlichen Geschichte wird das Gebet, das Jesus uns gelehrt hat, „Dein Königreich komme, Dein Wille geschehe, wie im Himmel, so auch auf Erden", vollständig beantwortet werden. Die Hoffnung des Christentums ist nicht, dass wir in den Himmel kommen, sondern dass der

Himmel zu uns kommt. Zeit und Ewigkeit werden verschmelzen und eine Matrix der Sequenz sein. Die Trennung zwischen Himmel und Erde wird enden.

31. Manchmal fragen Menschen: „Wie wird es sein, im Himmel zu sein?" Hast du dazu irgendwelche Gedanken?

Es gibt zwei Stufen oder Phasen. Die eine ist, mit Gott zusammen zu sein, nachdem wir gestorben sind, aber vor der Auferstehung der Toten und der Ankunft des Himmels auf der Erde. Das ist eine Zwischenphase. Die Bibel deutet an, dass Menschen, die im Herrn sterben, bei Ihm sein werden, und sich dessen bewusst sind, und sich nach ihrem neuen Auferstehungsleib sehnen. Die finale Wirklichkeit ist, wenn der Himmel auf die Erde kommt und Himmel und Erde vereint sind und wir unseren Auferstehungsleib haben. In der Auferstehung von Jesus Christus haben wir ein Beispiel für einen Auferstehungsleib. Er aß und trank und sprach mit Menschen und bewegte sich augenblicklich durch den Raum und erschien physisch in Räumen, ohne die Tür oder das Fenster zu benutzen. Somit wird der Auferstehungsleib ähnlich sein wie unser natürlicher Leib, auch wiedererkennbar, aber er wird sich auch von ihm unterscheiden auf eine Weise, die wir noch nicht vollständig kennen.

32. Warum brauchen wir einen Auferstehungsleib, der essen und trinken kann, wenn doch das Essen und Trinken mit der Notwendigkeit verbunden sind, einen physischen Körper mit Energie zu versorgen und am Leben zu erhalten?

Es ergibt im Rahmen von Zeit und physikalischen Dimensionen keinen Sinn, aber wir werden in anderen Dimensionen sein, also wird es Sinn machen. Aus unserer heutigen Perspektive können wir das jedoch noch nicht verstehen. Die Antwort auf die Frage lautet somit: Warte ab und sieh.